Os Sentidos do Cooperativismo: entre a Autogestão e a Precarização do Trabalho

À
Arakcy Martins Rodrigues,
portentosa e querida mestra,
sempre presente em nossos corações.

Fábio de Oliveira

Professor do Departamento de Psicologia Social e do Trabalho do Instituto de Psicologia da Universidade de São Paulo. Coeditor do periódico Cadernos de Psicologia Social do Trabalho (ISSN 1516-3717). Graduou-se em psicologia pelo Instituto de Psicologia da Universidade de São Paulo e é mestre em psicologia social pela mesma universidade. Doutorou-se em psicologia social pela Pontifícia Universidade Católica de São Paulo. Mais recentemente, realizou estudos de pós-doutoramento no Instituto de Ciências Sociais da Universidade de Lisboa. Foi coordenador da Incubadora Tecnológica de Cooperativas Populares da PUC-SP e é membro do GT "Trabalho e processos organizativos na contemporaneidade" da Associação Nacional de Pesquisa e Pós-Graduação em Psicologia.

Os Sentidos do Cooperativismo: entre a Autogestão e a Precarização do Trabalho

EDITORA LTDA.
© Todos os direitos reservados

Rua Jaguaribe, 571
CEP 01224-001
São Paulo, SP – Brasil
Fone: (11) 2167-1101
www.ltr.com.br

Produção Gráfica e Editoração Eletrônica: Peter Fritz Strotbek
Projeto de Capa: Fabio Giglio
Impressão: Cometa Gráfica e Editora

LTr 4719.1
Janeiro, 2014

Dados Internacionais de Catalogação na Publicação (CIP)
(Câmara Brasileira do Livro, SP, Brasil)

Oliveira, Fábio de
   Os sentidos do cooperativismo : entre a autogestão e a precarização do trabalho / Fábio de Oliveira. — São Paulo : LTr, 2014.

   Bibliografia.
   ISBN 978-85-361-2753-8

   Autogestão 2. Cooperativas 3. Cooperativismo — Brasil 4. Psicologia social 5. Relações de trabalho I. Título.

13-11497   CDD-302.14

Índice para catálogo sistemático:

1. Cooperatvismo : Relações de trabalho:
      Psicologia social   302.14

Sumário

Prefácio..	7
Apresentação..	9
1. Introdução...	13
2. Psicologia social, trabalho e cooperativismo	19
Relações de trabalho, heterogestão e autogestão....................	21
Materialidades e sentidos	25
Sobre conversas, tramas e costuras	33
3. Contexto das experiências atuais de cooperativismo................	37
Cooperativas de mão de obra	39
Economia solidária...	40
4. Arranjos locais	45
Sobre as cooperativas e seus sócios...	46
Gestão da cooperativa e gestão do trabalho............................	48
Assembleias e reuniões	50
Conselheiros, gestores e coordenadores	52
Chefes, patrões e empregados	56
Sócios-trabalhadores ou trabalhadores autônomos?...............	59
Entre o "casamento" e o descompromisso	60
Autonomia e responsabilidades..	64
Entre o repúdio à subordinação e a segurança relativa da CLT	68
Cooperativismo e estratégias de sobrevivência.......................	71
As cooperativas solicitam novos posicionamentos em relação ao trabalho......	72
5. Relações de trabalho e sentidos	75
Autogestão e gestores profissionais?..	78
A dimensão política..	83
Patrão? Não, Obrigado!..	84
6. Conclusões	87
Referências bibliográficas	89

Prefácio

Nos anos de 1990, no Brasil, tivemos níveis expressivos de desemprego. As mudanças tecnológicas, a reestruturação produtiva e as novas formas de gestão e de organização do trabalho são fenômenos relacionados àqueles altos níveis de desemprego. Em nosso contexto, esse fenômeno também tem gerado respostas como a criação de cooperativas. Ao olharmos mais de perto o crescimento de empreendimentos cooperativos, deparamo-nos com uma realidade bastante heterogênea, e é isso o que Fábio de Oliveira nos mostra.

O título que Fábio atribuiu ao livro é preciso: Os sentidos do cooperativismo: entre a autogestão e a precarização do trabalho. De um lado, a palavra "cooperativa" abriga e justifica iniciativas de empreendimentos solidários, com franca possibilidade de participação dos trabalhadores-cooperados; de outro, essa mesma palavra permite que trabalhadores vejam-se desprotegidos socialmente, pois escamoteia relação de trabalho assalariado precário. Há distinções sutis entre os diferentes tipos de cooperativa, mas que podem significar a burla da garantia de direitos trabalhistas.

Fábio de Oliveira evidencia a diversidade de entendimentos do termo "cooperativa", que remete a diferentes tipos de relações de trabalho, a diferentes tipos de estrutura de poder, a formas distintas de participação nas diferentes cooperativas, à relação entre gestão da cooperativa e gestão do trabalho. Referem-se a cooperativas de consumo, de crédito, de mão de obra e de produção.

Mas, esses diferentes tipos de cooperativas implicariam em diferentes vivências dos/as trabalhadores/as?

A partir de uma genuína leitura de Psicologia Social do Trabalho, o autor mostra sua competência como pesquisador, ao articular teoria e empiria de modo equilibrado.

Fábio nos mostra a diversidade de sentidos que o termo "cooperativismo" adquire e também nos conduz a ver como tais sentidos sustentam práticas diferentes e estão vinculados a contextos materiais diferentes.

Por meio de conversas e entrevistas com pessoas que trabalham em diferentes cooperativas, constatou-se que elas podem visualizar espaços mais ou menos amplos de participação na cooperativa. Mas, para alguns, a assembleia dos cooperados é vivida como algo distante de seu cotidiano, reduzindo-se a uma instância burocrática.

Outro aspecto destacado no estudo, e que se vincula a diferentes sentidos, é o fato de os trabalhadores/as escolherem ou não organizarem-se em um empreendimento cooperativo. Algumas situações praticamente obrigam os trabalhadores a trabalharem sob esse tipo de vínculo, sob pena de perderem sua fonte de rendimento.

Distintos níveis de rendimento também são observados nas diferentes cooperativas, quando comparados com os trabalhos e empregos anteriores. Em alguns casos, os valores não diferiam daqueles obtidos nos antigos empregos; em outros, a retirada possibilitada pela cooperativa significava condições financeiras mais favoráveis.

Os processos organizativos que dinamizam as cooperativas estão presentes e remetem à micropolítica, pois exigem negociação no dia a dia de trabalho.

Como ressaltado no texto a seguir, há alguns temas que se destacam nas conversas e nas entrevistas com trabalhadores/as cooperados/as: a gestão da cooperativa e a gestão do trabalho; assembleias, reuniões, conselheiros, gestores, coordenadores, chefes, patrões e empregados; sócios-trabalhadores ou trabalhadores; "casamento" e descompromisso com a cooperativa; autonomia e responsabilidades; repúdio à subordinação e segurança relativa da CLT; cooperativismo e estratégias de sobrevivência; novos posicionamentos em relação ao trabalho solicitados pelas cooperativas.

O livro de Fábio de Oliveira contribui para o entendimento da complexidade de um fenômeno multifacetado que é o cooperativismo, o que bem pode ser apresentado com a lente da psicologia social do trabalho: apreender os sentidos atribuídos pelas pessoas à sua vida de trabalho.

Além disso, a pesquisa de Fábio de Oliveira oferece espaços de diálogo entre o quadro legislativo no campo do trabalho e a psicologia social do trabalho, mostrando cenários críticos e perigosos para conquistas trabalhistas havidas pela classe trabalhadores no Brasil, bem como para os limites de se adotar como parâmetro a relação de trabalho assalariado.

Boa leitura!

17 de dezembro de 2013

Leny Sato
Professora Livre Docente do Departamento de
Psicologia Social e do Trabalho do Instituto
de Psicologia da Universidade de São Paulo

Apresentação

Este livro é a versão integral da tese de doutoramento em Psicologia Social defendida em 2005 no Programa de Estudos Pós-Graduados em Psicologia Social da Pontifícia Universidade Católica de São Paulo, sob a orientação do professor Peter Kevin Spink.

Embora o universo do cooperativismo não se reduza aos empreendimentos formados por trabalhadores, foi o trabalho que me trouxe às cooperativas. De partida, a temática em si do trabalho humano, as questões filosóficas e psicossociais a ele relacionadas. Em seguida, a minha própria atuação profissional como psicólogo social, que direcionei e que, ao mesmo tempo, impeliu-me para esse campo. Nesse percurso, foi da preocupação com os processos cotidianos e com o controle dos trabalhadores sobre o trabalho que se originaram as inquietações autogestionárias que inspiraram este estudo.

Essas inquietações alimentaram-se dos debates e das impertinências da psicologia social do trabalho em relação à visão gerencial tradicional e, não foi por acaso, que as cooperativas de trabalhadores, isto é, as "empresas sem patrões"[1], foram eleitas como objeto desta pesquisa.

Em síntese, as pesquisas em psicologia social do trabalho e em áreas afins têm conseguido mostrar que:

> "Se a organização enquanto um todo não é mais que um rastro da atividade que já passou, uma sombra pálida de um fenômeno multidimensional que desaparece quando a luz é acesa, segue que esses empreendimentos diversos de todos os tipos funcionam não porque as pessoas são administradas e direcionadas, mas porque a concentração de processos que seus cotidianos representam serve de ímã para o uso das caixas coletivas de ferramentas organizativas mundanas desenvolvidas ao longo da história social. *Em última análise, pessoas sabem se virar*" (Peter Spink, 1996, p. 188, itálicos nossos).

Ora, se mesmo na heteronomia da fábrica fordista é possível revelar — afastado o mascaramento pela ideologia gerencial — uma capacidade organizativa autóctone ou, ao menos, as tentativas astuciosas e ambíguas de recuperar o controle sobre o trabalho (Sato, 1998), o que dizer dos empreendimentos ditos autogestionários?

Se a participação aparece como uma espécie de farsa no pós-fordismo (Antunes, 1999; Busnardo, 2003; Marazzi, 1999) — quando trabalhadores são convidados a "vestir a camisa da empresa" e a pensarem como patrões sem o serem de fato —, ela poderia ser, ao menos em princípio, passível de concretização nas cooperativas que fazem jus às ideias autogestionárias, isto é, teríamos terreno fértil para ver a participação ultrapassar a esfera da produção e atingir a esfera ampla da gestão do empreendimento.

---

[1] Tomo emprestado, convertido para o plural, o título do livro organizado por Vieitez (1997).

Foi por esse viés que os temas relacionados ao cooperativismo e à autogestão passaram a fazer parte da disciplina de psicologia social do trabalho que leciono — apresentados como contrapontos para as discussões sobre taylorismo-fordismo e toyotismo — e parte dos estágios que ofereço tanto na PUC-SP, quanto no Centro de Psicologia Aplicada ao Trabalho do Instituto de Psicologia da USP[2].

Esse não foi um percurso solitário e, se o assunto começou a circular aos poucos nos meios universitários, em alguns anos já parecia estranho falar do mundo do trabalho sem fazer considerações sobre esse tipo de organização.

O meu caminho inicial até as cooperativas foi proporcionado pelas incubadoras universitárias e por vários companheiros ligados a elas de algum modo. Desde 1998, acompanhava com interesse o trabalho da ITCP-USP, de alunos e de amigos que atuavam como incubadores. A discussão tomava corpo também na PUC-SP e a partir de 2001 começamos a articular a formação de mais uma incubadora universitária, a Incubadora Tecnológica de Cooperativas Populares da PUC-SP.

Diversos foram, nesse período, os contatos com cooperados e cooperativas para conhecer o funcionamento desses empreendimentos, saber quem eram aqueles trabalhadores e para propor discussões.

Contatos com cooperativas e instituições diversas, proposição e acompanhamento de estágios, discussões com alunos de graduação, o processo de formação da ITCP PUC-SP e a participação, no início, em alguns de seus projetos representaram um mergulho no campo do cooperativismo, em suas questões e algumas coisas chamaram-me muito a atenção.

Primeiro, o entusiasmo das pessoas com o tema: há muito não surgia entre nós uma ideia que estimulasse tanto a imaginação utópica. Ao mesmo tempo, ao acompanhar o trabalho de incubação, preocupavam-me as diferenças, por vezes marcantes, entre os sonhos dos incubadores e os sonhos dos trabalhadores que constituíam suas cooperativas.

Segundo, a diversidade de formas que os empreendimentos designados "cooperativas" assumiam e todo o debate sobre o que, para além da legalidade formal, caracterizaria uma cooperativa dita "autêntica".

Isso tudo fez pensar que, se os movimentos sociais promovem uma versão do cooperativismo, ela não é, de longe, a única nem a mais difundida. Há, e procuraremos mostrar isso nas páginas que seguem, uma profusão de formas que as práticas e as ideias sobre o cooperativismo assumem em nosso contexto. Isso, como não poderia deixar de ser, leva a algumas confusões e, o mais importante, cria algumas armadilhas.

Então, afinal, que relações de trabalho as cooperativas que proliferam pelo país acabam por construir? E, ao mesmo tempo, que sentidos o cooperativismo adquire a partir de cada uma dessas experiências concretas?

---

(2) Departamento de Psicologia Social e do Trabalho.

O texto a seguir representa uma tentativa de explorar essas questões.

O Capítulo 1 apresenta um panorama do problema e das questões que motivaram a pesquisa.

O Capítulo 2 convida o leitor a percorrer os caminhos teóricos que levaram à construção do objeto, ao mesmo tempo que apresenta a maneira como compreendemos as relações de trabalho e os sentidos e que descreve a forma como a pesquisa foi realizada e as questões metodológicas que nos acompanharam durante as etapas de sua realização.

O Capítulo 3 apresenta o contexto das experiências atuais de cooperativismo procurando identificar as condições que permitiram o surgimento de diferentes tipos de cooperativas.

O Capítulo 4 detalha os principais "elementos de montagem" que se articulam para compor as diferentes relações de trabalho e os sentidos do cooperativismo produzidos localmente. É lá que nos debruçamos sobre as conversas mantidas com sócios de diversas cooperativas (cooperativa de mão de obra, cooperativa industrial e cooperativas populares) e sobre alguns debates relevantes travados no interior do campo.

Por sua vez, a discussão desenvolvida no Capítulo 5 retoma as conjecturas teóricas à luz do que pudemos apreender a partir das conversas com os cooperados e de suas vivências no trabalho.

Finalmente, o Capítulo 6 busca refletir sobre as implicações da pesquisa e sobre aquilo que ela "fez pensar".

1 – Introdução

Assistimos, desde a década de 1990, no Brasil, ao crescente interesse de vários setores sociais pelo cooperativismo. Esse interesse demonstra-se, por exemplo, pelo maior número de empresas formalmente registradas como cooperativas nesse período, pelo número cada vez maior de publicações sobre o assunto, pelo surgimento de organizações destinadas a fomentar a constituição de cooperativas ou empreendimentos semelhantes, pela inclusão do cooperativismo entre as políticas sociais públicas de governos de diferentes orientações políticas, pelo crescente debate em torno da chamada "economia solidária" (Singer, 2002).

Para se ter uma ideia desse crescimento, segundo dados da Organização das Cooperativas do Brasil (OCB), foram abertas no período compreendido entre 1980 e 1989, um total de 766 novas cooperativas. Na década seguinte, observou-se um salto significativo: 3.340 novas cooperativas foram constituídas entre 1990 e 1999. E mais 1.636 surgiram entre 2000 e 2003.

A OCB contabilizou em dezembro de 2003 um total de 7.355 cooperativas em atividade no país, distribuídas, segundo classificação[3] da própria entidade. Vale lembrar que o registro de cooperativas na OCB não é obrigatório.

Note-se também que a OCB não representa mais o conjunto das cooperativas do país, especialmente aquelas pertencentes ao que Pinho (2003) chamou de "vertente solidária", em oposição à "vertente pioneira". Isto é, uma parte considerável das chamas "cooperativas populares" não consta dos registros oficiais da OCB.

Ainda não há informações precisas sobre o número de empreendimentos de economia solidária no país, mas dados preliminares de um amplo levantamento[4], ainda em andamento, conduzido pela Secretaria Nacional de Economia Solidária (2005a, 2005b) indicam a existência de 9.593 empreendimentos espalhados pelo território nacional, dos quais, 1.373 estão organizados como cooperativas[5].

Nesse universo de cooperativas incluem-se aquelas nas quais pessoas se reúnem para consumir algum tipo de bem ou serviço, para ter acesso a crédito ou, em um número considerável de casos, para oferecer mão de obra ou serviços, produzir ou comercializar bens.

---

(3) Ramos de atividades considerados nessa classificação: agropecuário, consumo, crédito, educacional, especial, habitacional, infraestrutura, mineral, produção, saúde, trabalho e turismo e lazer. Essa classificação é muito curiosa se considerarmos as várias sobreposições que se revelam mesmo em uma análise superficial.

(4) Sistema Nacional de Informações em Economia Solidária. Os dados referem-se a agosto de 2005. Falaremos da Secretaria Nacional de Economia Solidária (Senaes) mais adiante.

(5) Demais tipos de empreendimentos de economia solidária, além das cooperativas, segundo a classificação da Secretaria Nacional de Economia Solidária: 2.062 grupos informais, 5.275 associações, 77 empresas autogestionárias, 59 redes ou centrais e 197 empreendimentos classificados como "outros".

O fomento ao cooperativismo e à economia solidária tem sido apresentado nos últimos anos como parte de propostas de intervenção social sobre a pobreza e o desemprego, como alternativa de sobrevivência para aqueles que se situam nas margens do sistema econômico vigente.

Mas, se o que se chama cooperativismo hoje guarda semelhanças com o cooperativismo dos Pioneiros Equitativos de Rochdale e com experiências anteriores (Singer, 1999) ou com o sempre referido modelo basco de Mondragón (Kasmir, 1996; MacLeod, 1997; White & White, 1988), essas são questões a serem investigadas.

O que há, com alguma certeza, é a escolha dessas experiências (que por décadas estiveram distantes do centro das atenções acadêmicas, políticas e sindicais) como um modelo possível. Escolha feita por parte de grupos sociais que só recentemente adentraram o campo do cooperativismo. Esse acontecimento sugere algo como o surgimento de um "novo cooperativismo". Segundo Singer (2002):

> "*O que distingue este 'novo cooperativismo' é a volta aos princípios, o grande valor atribuído à democracia e à igualdade dentro dos empreendimentos*, a insistência na autogestão e o repúdio ao assalariamento" (p. 111, itálicos do autor).

O cooperativismo de hoje não é apenas um conjunto de práticas que ecoa as experiências do século XIX que foram reunidas sob o rótulo "cooperativismo". Ele também comporta uma figura jurídica, já que as cooperativas brasileiras atuais são regidas pela Lei n. 5.764 de 1971 e a primeira legislação sobre a matéria data de 1932, a Lei n. 22.239.

Tomada como uma figura jurídica, a cooperativa se coloca como um dos modos de empreender que está dentro dos marcos da legalidade e credenciado a frequentar o mercado formal, isto é, ao lado do trabalho assalariado e do trabalho autônomo, o trabalho associado figura como uma das modalidades socialmente reconhecidas de utilização do trabalho humano.

Na ausência de empregos, essa figura jurídica acena aos trabalhadores organizados com a possibilidade de geração de renda. Por outro lado, em um cenário em que empresas buscam a flexibilização das relações de trabalho, as cooperativas foram descobertas como um caminho para a terceirização da mão de obra, como as empresas que estimulam seus funcionários a formarem cooperativas, as quais passam a prestar serviços às primeiras (Carelli, 2002; Singer, 2004).

Muitas das cooperativas de mão de obra ou as mal nomeadas "cooperativas de trabalho" são um exemplo desse recurso. Essas cooperativas vendem força de trabalho simplesmente, "mercadoria" cuja comercialização já é regulada e restringida no país pela Consolidação das Leis do Trabalho. As empresas que a compram dessa maneira livram-se de todos os encargos trabalhistas e responsabilidades que envolvem a contratação de trabalhadores segundo a legislação vigente, pois, do ponto de vista legal, assinam contratos com uma outra pessoa jurídica, a cooperativa, e não com trabalhadores assalariados, os quais, por sua vez, são, em geral, submetidos às mesmas relações de trabalho que vigorariam se estivessem contratados individualmente como assalariados. E com um agravante: com nenhum tipo de garantia prevista para os trabalhadores com "carteira assinada".

Dowbor (2002), em análise semelhante, afirma:

> "Mais recentemente, têm surgido as 'pseudocooperativas', que consistem em formas disfarçadas de terceirização: um elo da cadeia produtiva de determinada empresa é desmembrado, e confia-se sua produção a um grupo de trabalhadores, que perdem a relação empregatícia e os direitos sociais e passam a ser fornecedores autônomos da mesma empresa. É importante notar que, nesse vínculo, não se constrói nenhuma das formas ricas de capital social que o cooperativismo pode gerar, quando obedece a uma visão de solidariedade social e uma cultura de colaboração" (p. 43).

Referindo-se a esses empreendimentos como "cooperativas pragmáticas", Lima (2004) tece o seguinte comentário:

> "Mais que cooperativas com propostas autogestionárias de autonomia dos trabalhadores, elas podem ser chamadas de 'pragmáticas' ou, em outros termos, voltadas à terceirização de atividades com o objetivo de reduzir custos com a força de trabalho. E a aceitação pelos trabalhadores é igualmente 'pragmática': a manutenção de emprego" (p. 51).

A utilização da cooperativa como caminho para a flexibilização do trabalho também é apontada por Kasmir (1999) como um resultado da acumulação flexível de capital e seu desdobramento nas formas de produção, o pós-fordismo. E há quem as defenda com o argumento de que são uma alternativa diante do crescente desemprego.

É necessário reconhecer que o cooperativismo, nesses casos, passa a estar apenas a serviço da flexibilização das relações de trabalho e parece trair as razões históricas que o fizeram surgir no seio dos movimentos de trabalhadores como expressão da resistência à exploração do trabalho e da recusa à subordinação.

Observam-se, então, cooperativas que são formadas sob a urgência da geração de empregos e que, por essa razão, acabam deixando de lado a preocupação com a autogestão, tão cara às propostas da economia solidária, o que confere uma outra feição a esses empreendimentos.

Se, na economia solidária, o cooperativismo aparece como alternativa à produção capitalista, para os empresários que terceirizam sua mão de obra, elas são, ao contrário, uma das estratégias de diminuição de custos de produção e de transferência de riscos do mercado. Para governos que cumprem promessas de geração de empregos e buscam resultados imediatos, as cooperativas podem ser apenas uma das formas de combate ao desemprego, sem a pretensão de constituição de novas formas de relações de trabalho ou de alternativas solidárias ao capitalismo. Para os trabalhadores sem emprego, elas podem aparecer tanto como um caminho para a emancipação, quanto como um meio de sobrevivência equivalente ou até mesmo inferior ao vínculo empregatício ou ao trabalho autônomo.

Nas palavras de Ide (2004):

> "Os diferentes sentidos dentro do campo-tema demonstram que não é o cooperativismo que se expande pela sociedade como algo que tivesse vontade própria, mas são setores da sociedade que se utilizam dele atendendo formas diferenciadas de atuação. A impressão que se possui é que todos falam da mesma coisa, e ao mesmo tempo, de coisas diferentes. É como se o termo (as cooperativas ou o cooperativismo) fosse o mesmo para todos, mas a compreensão do sentido fosse diferente para cada instituição" (p. 99).

Como essa breve exposição sugere, várias são as formas pelas quais o cooperativismo como forma de trabalho nos grandes centros urbanos se apresenta hoje. Cada uma delas responde a interesses e sonhos muito diferentes entre si, materializam-se em práticas e constituem-se com sentidos muito diversos. É justamente da constatação dessas diferenças que se origina o interesse pela realização da presente pesquisa. Cabe investigar que formas assumem as relações de trabalho estabelecidas no interior das cooperativas a depender da conjunção dos elementos que as diferenciam ou que as tornam semelhantes. Cabe investigar o processo de "montagem" que as faz ser com são.

Como é a vivência dos cooperados em cooperativas tão diferentes? Como são as relações de trabalho que se estabelecem nessas cooperativas concretas? Em que sentidos essas relações se traduzem?

E, pensando um pouco mais longe, que horizontes políticos (e que mundos possíveis) cada uma dessas versões do cooperativismo descortinam diante de nós?

2 – Psicologia Social, Trabalho e Cooperativismo

A psicologia como um todo e a psicologia social, em particular, consolidaram, ao longo de suas histórias, tradições muito diferentes de apreensão do trabalho como objeto. De fato, não se pode falar de uma psicologia do trabalho divida em partes que se complementariam ou, menos ainda, de uma psicologia do trabalho formada por teorias concorrentes a disputar o mesmo objeto[9]. Mais adequado seria dizer que a psicologia aproximou-se do trabalho de diferentes formas, partindo de diferentes lugares, construindo diferentes objetos, elegendo diferentes problemas, assumindo compromissos diversos e vendo descortinar-se diante de si campos de ações possíveis irredutíveis uns aos outros.

Se há uma tradição de aproximação do trabalho criada por uma psicologia preocupada com a gestão de empresas — informada pela administração e pela engenharia, até um certo momento, e buscando questões próprias depois (Malvezzi, 1995), mas ainda preocupada com questões ligadas à gestão —, também vimos surgir outras tradições pelas quais essa aproximação ocorreu.

Já se observa, por exemplo, uma produção consistente de uma psicologia do trabalho cujo foco é a saúde dos trabalhadores e que é informada pelas ciências sociais em saúde e pelo campo interdisciplinar da saúde coletiva (por exemplo: Nardi, 1999; Sato, 1996, 2001, 2002; Scopinho, 2003).

Também construiu-se uma psicologia social preocupada com temas que poderíamos denominar "marginais" e que não se reduziam nem às questões de gestão de pessoas nem às questões da saúde daqueles que trabalham. Temas os mais diversos, como os processos cotidianos no trabalho, a ação política dos trabalhadores, o desemprego, a vida fora da fábrica, compõem o escopo daquilo que só mais recentemente passou-se a denominar como *psicologia social do trabalho*.

Esses três exemplos de aproximações da psicologia em relação ao trabalho não esgotam todas as manifestações conhecidas desse encontro, mas sua menção é suficiente para reivindicar a peculiaridade de uma psicologia social que toma como seu objeto o trabalho.

No que diz respeito ao escopo desta pesquisa, temos assistido ao crescente interesse de muitos psicólogos sociais do trabalho pelos temas do cooperativismo e da economia solidária[10]. Diversas são as razões para isso.

---

(9) Tanto Peter Spink (1996), quanto Arakcy Martins Rodrigues (2005) já apontaram a precariedade das construções teóricas no campo da psicologia do trabalho.

(10) Para citar apenas alguns exemplos: Andrada (2005), Andrada (2006), Dias (2002), Dozzi (2003), Esteves (2004), Évora (1996), Ide (2004), Kemp (2001), P. Oliveira (2004), Miura (2001), Sato (1999), Sato e Esteves (2002), Veronese (2004).

Peter Spink (2003b), ao analisar "exemplos de processos autóctones em partes diferentes do país onde pessoas agem coletivamente na busca de soluções" para seus problemas em comum, afirma:

> "Para explicá-los é necessário reconhecer a validade do pressuposto que nascemos em comunidade, nas socialidades e materialidades do dia a dia cujas linguagens de ação são repletas de palavras organizativas de uso constante; formando uma referência contínua à nossa competência coletiva. Há inúmeras lutas pela hegemonia sobre estas noções organizativas, mas elas fazem parte da competência coletiva — não há dúvida. *Nascer em comunidade é presumir uma capacidade coletiva de autogestão, que antecede e prescinde de um governo ou um Estado*" (p. 6, itálicos nossos).

Muitos estudos em psicologia social do trabalho têm procurado chamar a atenção para esse tipo de capacidade auto-organizativa dos trabalhadores (P. Spink, 1996, 2003b; Sato, 1999) que se manifesta em diferentes dimensões de suas vidas, incluindo a vivência coletiva nas empresas tradicionais, mesmo considerando-se a existência da gerência profissional (capacidade que passa mesmo a interessar à gestão flexível do trabalho com o advento do toyotismo). As cooperativas são, por seu turno, um contexto interessante para a compreensão desse fenômeno em outras condições muito favoráveis, já que a auto-organização não está à margem, mas no centro do seu acontecer organizacional.

Nesse mesmo sentido, as cooperativas também são espaços de sociabilidade que podem fortalecer tipos de relações sociais não hegemônicas. O cooperativismo é uma forma de organização do trabalho, uma proposta de intervenção sobre problemas sociais, é parte de políticas públicas e envolve formas de interpretação da realidade. É, antes de tudo, um espaço de experimentação social. A preocupação com todas essas questões tem trazido para o diálogo com as cooperativas psicólogos sociais que se dedicam ao estudo do trabalho.

Nesse diálogo, há muitas vozes diferentes. Mas podemos identificar uma característica em comum importante entre elas: a compreensão das organizações, não como estruturas estáveis, mas como processos dialógico-discursivos cotidianos.

Na verdade, tanto o interesse pela capacidade auto-organizativa autóctone das pessoas no seu dia a dia, quanto a compreensão das organizações humanas como processos fazem parte de uma mesma mirada em relação aos fenômenos sociais locais: quando se admite que as organizações não são estruturas apenas *ocupadas* pelas pessoas, mas que são os processos cotidianos conduzidos por elas que dão forma àquilo que se manifesta como sendo a organização (P. Spink, 1996), deve-se reconhecer, como apontado acima, que a existência em comunidade pressupõe de antemão a capacidade para agir coletivamente (P. Spink, 2003b).

Esse foi o nosso ponto de partida para a pesquisa. O processo de investigação exigiu uma série de articulações conceituais para a sua consecução. Tentaremos agora esclarecer esse caminho teórico percorrido.

1. Relações de trabalho, heterogestão e autogestão

As relações de trabalho referem-se tanto às relações entre trabalhadores, quanto entre esses e seus empregadores ou aqueles que utilizam seus serviços. De um ponto de vista mais abrangente, são as relações estabelecidas entre atores sociais ou grupos sociais no interior das atividades produtivas — as relações entre aqueles que "vendem" força de trabalho, aqueles que a compram e a interferência de possíveis mediadores, como o Estado e a regulação que exerce com base em um marco legal. As relações de trabalho não se explicam, portanto, apenas pelos papéis desempenhados por aqueles que se encontram nos ambientes de trabalho: as pessoas trazem para dentro da fábrica suas diferentes inserções sociais e de classe — como ser proprietário dos meios de produção ou ter apenas o próprio corpo como objeto para negociação.

Em *Sobre os fundamentos filosóficos do conceito de trabalho da ciência econômica*, Herbert Marcuse, ao tecer comentários sobre a divisão social do trabalho — isto é, a apropriação de determinadas atividades por grupos, classes ou profissões —, aponta para a relação fundamental entre dominação e servidão na sociedade capitalista e a correspondente oposição entre o trabalho dominante e o trabalho dominado (Marcuse, 1998). Dominante é o fazer daquele que dispõe de objetos e de pessoas. Dominado é o fazer daquele que é orientado por disposições. Falar em trabalho dominante e trabalho dominado é falar das disparidades de poder nas relações de trabalho e das experiências de submeter, ser submetido, resistir e rebelar-se.

Pierre Clastres (1978), em seu seminal livro *A sociedade contra o Estado*, oferece-nos ferramentas conceituais importantes que podem ser úteis para uma reflexão acerca dessas relações de poder.

Ao analisar a chefia indígena em sociedades sul-americanas, o antropólogo expõe de modo radical as relações entre as sociedades ou grupos e as instâncias de poder que constituem. Em síntese, a função política, em suas palavras, é exercida "não a partir da estrutura da sociedade e conforme ela, mas a partir de um mais além incontrolável e *contra ela*" (p. 33, itálicos nossos).

Assim como a natureza se impõe aos seres humanos como um outro implacável que limita as possibilidades daquilo que se pode ser e fazer (e ao mesmo tempo constitui aquilo que é o "humano"), as instâncias de poder também se apresentam como formas de coerção em relação à sociedade ou ao grupo, na medida em que impõem limites para a sua ação.

O poder, portanto, instaura-se e constitui-se como exterioridade em relação ao grupo. Isto é, os indivíduos que ocupam esses papéis, na medida em que as instâncias de poder se opõem ao grupo, passam a não fazer parte deste último. Ou, dito de outro modo, as relações que se estabelecem entre os membros do grupo são distintas daquelas que esses membros estabelecem com seus chefes, líderes, governantes, algozes.

Isso pode ser pensado em vários contextos. O pequeno aluno, por exemplo, ao qual se delega a tarefa de anotar os nomes dos colegas que não se comportam segundo as expectativas da professora que se ausenta da classe, deixa, de certo modo, de fazer parte do grupo. Como aquela que foi investida de uma autoridade de poder, essa criança está *contra* o grupo. Sua presença constrange os demais e a relação que passa a ser estabelecida entre ela e as outras difere em profundidade da relação que se estabelecia antes. Ou, então, o chefe, cuja chegada pode inibir conversas descontraídas dos operários na fábrica.

Como exterioridade, a autoridade política é um *outro* que governa o grupo. E essa é justamente a base da heterogestão, isto é, o governo de uns por outros que já não se reconhecem mais nos primeiros. Heterogestão ou heteronomia, palavras que se referem etimologicamente à lei ou às determinações que vêm de fora, de um outro que não os próprios em sua vida em comum.

A heterogestão é um dos elementos básicos que constituem as relações de trabalho nas sociedades capitalistas. Ela está expressa na separação entre empreendedores e produtores, isto é, na separação entre aqueles que tomam a iniciativa de constituir o empreendimento econômico e aqueles cujo trabalho, convertido na mercadoria mão de obra, é aplicado para que os objetivos do empreendimento — portanto, a vontade daquele que empreende — se concretizem.

Essa separação também define as fronteiras dentro das quais as pretensões de participação dos trabalhadores na empresa "tradicional" podem chegar: no limite, as decisões referentes à continuidade da existência ou não do empreendimento cabe àqueles que o constituíram e o empreenderam e não àqueles que lá trabalham e produzem, mesmo nas empresas onde são aplicadas políticas de participação dos trabalhadores, como é o caso das empresas inspiradas pelo toyotismo (Roberto Marx, 1997).

O plano da gestão do empreendimento e o da produção propriamente dita aparecem, assim, como mundos distintos. A gestão cria as condições para que a produção ocorra do modo como planejado pelos empreendedores ou pelos seus representantes e lança mão de mecanismos de controle, quer eles sejam coercitivos ou simbólicos, sobre os produtores para que isso se efetive.

A gestão constitui-se como uma instância de poder exterior à produção, ao modo como Pierre Clastres descreve a constituição das instâncias políticas. Na medida em que a gestão é exterior à produção, ela estabelece com esta última uma relação heterônoma, ou seja, as determinações da produção originam-se de um outro que não ela própria. A gestão, neste caso, só é nomeável como heterogestão.

Evidentemente, a discussão vai para além disso, como salienta Clastres: entre as sociedades indígenas latinoamericanas analisadas pelo autor, a instância do poder é simultaneamente constituída e neutralizada em seu poder pelas sociedades sem Estado.

Vista por esse prisma, a expressão "recursos humanos" tem muito a revelar. Recursos — materiais, econômicos, humanos — são aquilo de que dispõem os empreendedores para realizar seus objetivos. Dispor de algo significa ter à disposição, isto é, ter ao alcance das mãos, e também dispor (como em "a disposição dos móveis na sala") ou manusear como se quer. "Recursos humanos" são, portanto, uma expressão própria da heterogestão.

E o que vem a ser a autogestão? Etimologicamente, o governo pelos próprios indivíduos. O mesmo acontece com a palavra autonomia, que se refere à lei ou às determinações que vêm de si mesmo. Isto é, se tomarmos os significados dessas palavras, a autogestão e a autonomia são elas próprias a negação de um poder que se exerce exteriormente em relação a um indivíduo ou a um grupo.

Falar em autonomia, autogestão ou autogoverno nos termos propostos aqui significa compreender o poder como imanente ao próprio grupo. Isto é, qualquer instância exterior de poder é, a princípio, estranha ao funcionamento autogestionário (embora, nas relações hierárquicas, possa-se conceber uma resistência autogestionária ao poder).

A autogestão é, ao mesmo tempo, um conjunto de princípios e de práticas sociais. Como princípios — de igualdade, de autonomia, de autogoverno, de não hierarquia —, é através de práticas sociais concretas que ela adquire materialidade. Há uma longa história de invenção da autogestão e de construção de artefatos sociais que tentam fazer dos princípios ações. A assembleia, o voto, as comissões, por exemplo, são criações que tentam dar conta de conferir vida, continuidade e coerência à autogestão.

Isso significa dizer que a autogestão não é algo acabado, que encontraria nas práticas historicamente construídas de autogoverno fórmulas que resolveriam todos os problemas ligados à sua materialização. E não são poucos esses problemas.

Cada um dos elementos dos rituais formais da autogestão, por exemplo, sugerem a história dos problemas que se tentou contornar. A noção de "maioria", a de "maioria absoluta", os debates em torno da importância da informação para a tomada de decisões, do papel dos especialistas e das restrições à delegação: todos esses elementos representam esforços para aprimorar a aplicação dos princípios da autogestão.

Além disso, os processos decisórios não se restringem aos espaços formais. Como apontam Sato e Esteves (2002), as decisões também tomam lugar nos espaços informais, nos processos cotidianos de negociação, de planejamento e replanejamento do trabalho. Segundo os autores, os processos de maior visibilidade (assembleias, comissões, conselhos) são a "ponta de um *iceberg*", que não revela ao primeiro olhar processos quase invisíveis e não memoráveis, mas não de menor importância. Nas palavras de Sato e Esteves (2002):

> "A opção por nos atermos à discussão dos processos organizativos autogestionários cotidianos dá-se porque, também nesse âmbito, as pessoas influenciam a tomada de decisão, tomam decisões, refletem sobre a sua realidade, socializam informações, emitem seus pontos de vista, debatem ideias, negociam, resolvem problemas, reavaliam decisões tomadas em assembleias — enfim, apropriam-se da gestão propriamente. É, pois, nos fazeres cotidianos que se preencherá o tempo com múltiplas atividades que darão corpo e sustentação à 'ponta desse *iceberg*'. No dia a dia — naqueles momentos que não são considerados memoráveis — também se gerencia

coletivamente, a depender das exigências externas, *o que fazer* e *como*, *quando*, *de quais formas* e *sob quais condições* o trabalho será realizado. Também no dia a dia as pessoas *planejam, replanejam* e *organizam* os rumos do empreendimento" (p. 16, itálicos dos autores).

Poderíamos mesmo dizer que a possibilidade de participação no cotidiano da autogestão prepara os participantes para negociações e decisões nos espaços formais. Mais do que isso, o reconhecimento da importância das decisões cotidianas legitima a participação e a influência de cada membro ou pequeno grupo no acontecer organizacional.

A representação também é uma questão que merece algumas considerações a seu respeito. Assim afirma Castoriadis (1983) sobre a definição do que é decidir e o lugar dos representantes nesse processo:

> "Decidir é decidir por si mesmo. Não é deixar a decisão para as 'pessoas competentes', submetidas a um vago 'controle'. Também não é designar pessoas para decidir. Não é porque a população francesa designa a cada cinco anos aqueles que farão as leis que ela faz as leis. Não é porque ela designa a cada sete anos aquele quem decidirá sobre a política do país que ela própria decide sobre esta política. Ela não decide, ela *aliena* seu poder de decisão a 'representantes' que, por esta mesma razão, não são nem podem ser *seus* representantes. Certamente, a designação de representantes, ou de delegados, pelas diversas coletividades, com também a existência de organismos — comitês ou Conselhos — formados por tais delegados será, numa quantidade enorme de casos, indispensável. Mas ela só será compatível com a autogestão se esses delegados realmente representarem a coletividade de onde procedem, e isto implica que permaneçam submetidos a seu poder. O que significa, por sua vez, que a coletividade não somente os elege, mas também que pode destituí-los sempre que julgar necessários" (p. 213, itálicos do autor).

No sentido proposto por Castoriadis, o representante não está em uma posição hierarquicamente superior àqueles que representa. Antes o contrário: seu papel é levar adiante e pôr em prática as decisões coletivas. Um risco que se corre é a acomodação dos membros do grupo à existência de representantes e a renúncia ao poder de decidir, situação bem ilustrada na literatura pela fábula *A revolução dos bichos* de George Orwell (2000).

A hierarquia, na verdade, é um dos elementos de sustentação da heterogestão. Para Castoriadis (1983) ela tem pelo menos três funções. Primeiro, serve para organizar a coerção. Segundo, para centralizar a decisão. Terceiro, para livrar um grupo das tarefas não desejáveis. Se a hierarquia pressupõe o monopólio das informações, a autogestão, sugere o oposto: para que se possa decidir deve haver conhecimento de causa, assim, a transparência e o acesso à informação são essenciais. Do mesmo modo, a solução para as tarefas não desejáveis passa por outro caminho que não a sua imposição a inferiores hierárquicos.

Albert (2004) apresenta uma proposta de critérios para a tomada de decisão em grupos autogestionários que aponta para a direção da não centralização das decisões locais. Segundo essa proposta, cada agente deve participar das decisões na medida em que é afetado por elas. Quanto maior a extensão dos efeitos de uma decisão, maior, portanto, o número de pessoas a participar. Na outra ponta dessa lógica, evitasse que pequenas decisões tenham que necessariamente ser objeto de assembleia e escrutino, o que libera as pessoas ou os pequenos grupos a exercitarem a prática da decisão também nos espaços informais.

Sintetizando sua experiência com grupos autogestionários, Sato e Esteves (2002) apontam algumas condições necessárias à autogestão:

— Sendo o sujeito da autogestão o grupo de trabalhadores, é necessário que as pessoas reunidas em uma cooperativa formem um grupo de fato e não sejam um conjunto de trabalhadores reunidos apenas formalmente;

— O exercício pelos trabalhadores de controle sobre o processo produtivo (conhecer e intervir sobre ele), sobre a gestão do empreendimento e sobre o grupo (participar e saber-se capaz de interferir para contestar e propor);

— Existência de espaço para o conflito e a discussão, isto é, a possibilidade do debate público;

— "Impossibilidade de convivência entre a autogestão e outros vínculos de trabalho" (p. 42).

Na contramão do que acontece há mais de dois séculos, as cooperativas reúnem os papéis de empreendedor e produtor nas mesmas pessoas. Cooperados são sócios em um negócio do qual são proprietários, tendo em vista serem possuidores de uma fração do patrimônio, a cota-parte; são trabalhadores na medida em que são eles próprios que produzem ou comercializam algo ou prestam serviços. Devemos perguntar-nos então, diante da novidade que esse fato encerra, se as concepções correntes sobre gestão revelam a natureza da atividade produtiva tomada em si mesma ou se apenas refletem a divisão inaugurada pela "invenção" do trabalho assalariado e a separação entre empreendedores e produtores. Isto é: gerenciar e administrar são de outra substância do que produzir e trabalhar? Onde se encontra o limite entre um e outro fazeres para além da nomeação que se faz pelo hábito?[11]

Para além disso, como em seu dia a dia os trabalhadores de cooperativas concretas constroem a autogestão?

2. Materialidades e sentidos

Consideremos duas questões. A primeira decorre da necessária inserção da investigação dos sentidos no debate contemporâneo sobre a linguagem e o discurso. Ela refere-se,

---

(11) Isto é, quando produzir algo desvinculou-se de atividades como a compra de matéria-prima ou a comercialização dos produtos? Indo além, também poderíamos perguntar: em que momento tornou-se admissível que outros nos dissessem o que fazer? Paul Lafargue (1999) tem muito a nos dizer a esse respeito...

na verdade, a um posicionamento contrário à ideia — compreendida ou não "ao pé da letra" — de que "tudo é texto"[12].

A segunda, indaga sobre o modo de apropriação teórica proposto para dar conta das inquietações acima expostas e suscitadas pelo cooperativismo. Dita de outra forma: o que justifica fazer dos sentidos o objeto de uma psicologia social e o que isso, por sua vez, acrescenta ao debate sobre o cooperativismo?

I.

Estudos de psicologia social interessados pela linguagem já não são novidade entre nós e ocupam um considerável espaço da produção científica da área. Eles refletem mudanças de rumo tomadas nas ciências sociais como um todo, bem como na psicologia social, em particular. Essas mudanças de rumo, muitas vezes denominadas em seu conjunto como "virada linguística", são fruto da convergência de debates travados em diferentes meios intelectuais (ex.: Fairclough, 2001; Hacking, 1999; M. Spink, 1999).

São várias as razões que trouxeram diferentes grupos de pesquisadores sociais ao campo do estudo da linguagem e não distinguir essas razões tem condenado a recepção pública desse tipo de pesquisa a um sem número de desentendimentos ou de controvérsias pouco profícuas. Mas não é o momento para discutir isso. Cabe apenas registrar que esse está longe de ser um campo teórico homogêneo e unitário.

Sem negar a importância da linguagem como uma dimensão importante para a compreensão dos processos sociais, algumas vozes discordantes têm se levantado contra as proporções assumidas contemporaneamente pelo que poderíamos denominar de um "reducionismo linguístico" do acontecer humano.

McNally (1999), por exemplo, refere-se do seguinte modo às proposições pós-estruturalistas sobre o discurso[13]:

> "Observamos hoje um novo idealismo, um idealismo que contaminou grandes segmentos da esquerda intelectual e que transformou a língua não só em um campo independente, mas em um campo que a tudo satura; uma esfera tão onipresente, tão dominante, que virtualmente extingue a ação humana. Tudo é discurso, entendam; e o discurso é tudo. Uma vez que os seres humanos são criaturas linguísticas, uma vez que o mundo onde agimos é conhecido e descrito através da língua, esse novo idealismo alega que nada existe fora dela. A língua, o 'discurso', o 'texto' — o jargão varia, mas a mensagem não — define os limites do que conhecemos, do que podemos imaginar, do que podemos fazer" (p. 33).

Bourdieu (1998), por sua vez, em seu *Economia das trocas simbólicas: o que falar quer dizer*, tece consideráveis críticas à influência que a linguística tem exercido sobre

---

(12) Posicionamento já esboçado em um trabalho anterior (Oliveira, 1997).

(13) Sobre a crítica ao pós-modernismo ver: Simon e Billig (1994), a respeito da necessidade da reconstrução da crítica ideológica, e Ginzburg (2002), a respeito de como a retórica não dispensa a prova (evidência). Uma crítica ampla aos pós-modernos é feita por Eagleton (1998, 1999).

as ciências sociais. Segundo o autor, o modelo da linguística irrefletidamente aplicado reduz a ação social a um ato de comunicação encerrado em si mesmo e "destinado a ser decifrado mediante uma cifra ou um código, uma língua ou uma cultura" (p. 23). Ele ressalta a necessidade de se levar em consideração as relações de força entre os atores sociais para que se possa conceber aquilo que denomina como uma economia das trocas simbólicas:

> "Para romper com essa filosofia social é preciso mostrar que, embora seja legítimo tratar as relações sociais — e as próprias relações de dominação — como interações simbólicas, isto é, como relações de comunicação que implicam o conhecimento e o reconhecimento, não se deve esquecer que as trocas linguísticas — relações de comunicação por excelência — são também relações de poder simbólico onde se atualizam as relações de força entre os locutores ou seus respectivos grupos. Em suma, é preciso superar a alternativa comum entre o economicismo e o culturalismo, para tentar elaborar uma economia das trocas simbólicas" (p. 23).

Por "culturalismo" Bourdieu entende a caracterização dos produtos simbólicos como imanentes e subtraídos de seus determinismos externos, ou seja, a suposição de uma completa autonomia do simbólico; por "economicismo", entende o inverso disso: a determinação direta da superestrutura pela infraestrutura. Pensar, por exemplo, o cooperativismo para além dessas duas alternativas significa considerar o campo que ele constitui como dotado de uma autonomia relativa, isto é, seus acontecimentos, suas disputas e seus sentidos não devem ser compreendidos nem como resultado exclusivo de sua dinâmica interna nem como reflexo direto da dinâmica entre classes sociais.

Movido por preocupações semelhantes, Hook (2001) analisa algumas propostas de análise de discurso e aponta os equívocos na aplicação que elas fazem de conceitos foucaultianos. Dedica-se especificamente ao estudo aprofundado das proposições de *A ordem do discurso* (Foucault, 1996) e diferencia a abordagem de Foucault de duas importantes vertentes da análise de discurso da psicologia social (a de Potter e Wetherell, de um lado, e a de Parker, de outro)[14]. Embora não seja o objetivo de Hook criticar essas abordagens tomadas em si mesmas (até porque reconhece seus méritos), faz observações que deveriam ser seriamente consideradas e que denunciam o "reducionismo linguístico". A primeira dessas observações a interessar aqui também diz respeito ao poder:

> "contra um pantextualismo que pretende que tudo possa ostensivamente ser analisado com texto, como linguagem, Foucault mostra que o poder na linguagem está ligado a, e origina-se de, formas de poder externas, materiais e táticas. O poder, em qualquer condição, não pode ser fixado nos significados dos textos, mas pode ser apreendido e rastreado através da análise de relações de força táticas e materiais" (p. 530).

---

(14) Fairclough (2001) também diferencia a análise de discurso foucaultiana daquela que denomina como Análise de Discurso Textualmente Orientada.

Em seguida, analisa os limites da interpretação textual na análise do discurso e propõe o que seria em sua opinião uma análise de discurso afinada com a proposta foucaultiana:

> "Mais do que se mover do discurso para o seu interior, para o 'núcleo escondido' no 'âmago da significação', a análise de discurso deve mover-se por sobre as bases do próprio discurso, sobre os alicerces formados por aqueles elementos que o originam e que fixam seus limites: suas condições externas de possibilidade (...). A injunção metodológica de Foucault aqui é a exterioridade. As leituras críticas, ele sustenta, mostrar-se-ão inadequadas: olhar para o que pode ser mostrado dentro do texto é insuficiente, porque coisas diferentes sempre podem ser vistas. Esse é o problema do relativismo textual, no qual qualquer interpretação textual razoável proposta pode ser sustentada, dentro de certos limites, tanto quanto qualquer outra. Assim, os resultados de nossas análises serão de pouca significância para além do escopo do texto analisado" (p. 538).

Outra observação importante de Hook diz respeito a mais uma consequência da restrição da análise de discurso ao plano textual:

> "Minha preocupação é que, ao abordar-se o discurso principalmente no plano textual, está-se predominantemente lidando com o discurso *como um efeito de poder* e está-se, de certo modo, deixando-se de abordar o discurso *como instrumento de poder* (...) De fato, basta considerar brevemente a complexidade da relação recíproca e interdependente entre material e discurso na operação do poder, para perceber que o discurso aparece tanto como *instrumento*, quanto como *resultado* do poder, seja em seus antecedentes, seja em seus desdobramentos" (p. 539, itálicos do autor).

E enfatiza:

> "O discurso facilita e endossa a emergência de certas relações materiais de poder, bem como justifica seus efeitos após o fato. Similarmente, os arranjos materiais de poder tornam possíveis certos direitos e privilégios de fala, bem como emprestam substancialidade ao que é dito no discurso" (p. 540).

Todos os autores citados acima, a partir de suas filiações teóricas e cada qual à sua maneira, chamam a atenção para aquilo que está *além* do discurso, o não textual, o extradiscursivo, as relações de poder, a materialidade. Ao mesmo tempo, não abandonam os ganhos obtidos pelas considerações acerca da linguagem. Ao contrário, ela deixa de ser "invisível" ao investigador social, para situar-se como uma importante forma de *ação* social.

II.

Retomemos agora, à luz da breve discussão acima, a segunda questão proposta no início desta seção: o que justifica, então, fazer dos sentidos o objeto de uma psicologia social?

A primeira pista pode ser encontrada em Bakhtin (1992), que aponta tanto o papel da linguagem com indicador privilegiado para a compreensão das transformações sociais...

> "As palavras são tecidas a partir de uma multidão de fios ideológicos e servem de trama a todas as relações sociais em todos os domínios. É portanto claro que a palavra será sempre o indicador mais sensível de todas as transformações sociais, mesmo daquelas que apenas despontam, que ainda não tomaram forma, que ainda não abriram caminho para sistemas ideológicos estruturados e bem formados" (p. 41).

... quanto o papel de uma psicologia social dos processos cotidianos:

> "A psicologia do corpo social é justamente o meio ambiente inicial dos *atos de fala* de toda espécie, e é neste elemento que se acham submersas todas as formas e aspectos da criação ideológica ininterrupta (...) Assim é que no seio desta psicologia do corpo social materializada na palavra acumulam-se mudanças e deslocamentos quase imperceptíveis que, mais tarde, encontram sua expressão nas produções ideológicas *acabadas*" (p. 42, itálicos do autor).

Abordar o cooperativismo desse ponto de vista pode lançar alguma luz sobre o quadro delineado no capítulo anterior. Uma teoria da *linguagem em uso* poderá ajudar a escapar da tentação de unificar as falas sobre o cooperativismo em torno de um só significado e a apreender as relações entre as atuais transformações do mundo do trabalho, seus atores e os diferentes sentidos criados dentro do campo.

Pesquisadores que se dedicam a estudar o cooperativismo e as cooperativas muitas vezes se questionam sobre os diferentes sentidos do cooperativismo, isto é, constatam os diferentes usos dessas palavras. A preocupação com os sentidos aparece, por exemplo, em Parra (2002):

> "Esse debate, no entanto, é bastante polêmico, pois envolve a própria definição do que é uma 'cooperativa'. O mapeamento discursivo dessa questão daria por si só um interessante trabalho de investigação, pois nele poderíamos observar os conflitos políticos sobre uma significação prática e jurídica (do conceito de cooperativa) entre diferentes grupos sociais que recuperam a experiência histórica de mais de dois séculos da existência de cooperativas para ressignificá-las de diferentes maneiras (...) Só para se ter uma rápida ideia dessa diversidade, existe hoje no Brasil grupos identificados com distintas vertentes do cooperativismo: há o posicionamento das grandes cooperativas agropecuárias e de prestação de serviços (como as da área médica) filiadas à Organização das Cooperativas Brasileiras (OCB) que representam, de certa maneira, um cooperativismo empresarial-concorrencial; há o 'cooperativismo alternativo' protagonizado pelo Movimento dos Trabalhadores Rurais Sem Terra, que faz oposição ao chamado 'cooperativismo tradicional' da OCB (CONCRAB, 1998); no meio urbano existe um cooperativismo defendido pelas cooperativas de trabalho, que hoje se concentram em torno das FETRABALHO

estaduais; há também uma crescente organização do chamado 'cooperativismo popular', mais ligado aos movimentos sociais urbanos e rurais; existem novas associações que reúnem cooperativas de produção industrial e que defendem a criação de uma nova legislação para as empresas de trabalhadores autogeridas (por exemplo, ANTEAG e UNISOL) e, finalmente, um 'novo cooperativismo' apoiado por sindicatos como o Sindicato dos Metalúrgicos do ABC e a CUT" (Parra, 2002, p. 57).

Falar de "cooperativismo" e "cooperativa" implica na utilização não só desses dois termos isolados, mas de um conjunto de palavras, expressões, descrições, argumentos, lugares-comuns, metáforas e figuras de linguagem — cujas funções e efeitos são variáveis segundo os contextos. Há, em nosso caso, um conjunto de palavras, expressões e tipos de enunciados em uso no campo do cooperativismo que se articulam nos discursos e conferem diferentes sentidos quando se fala do cooperativismo. Cooperativa, cooperativismo, sem dúvida, mas também: cooperativa "autêntica" em contraposição a "coopergato" ou, ainda, solidariedade, colaboração, autogestão, participação, "ter o próprio negócio", só para citar alguns exemplos. E há assuntos que são evocados quando se enuncia o cooperativismo com um ou outro sentido: desemprego, geração de renda, políticas sociais são exemplos desses assuntos.

Perguntar-se sobre os *sentidos* leva justamente à preocupação com a variabilidade dos fenômenos e, principalmente, com os processos que engendram os próprios sentidos. Segundo M. Spink & Medrado (1999):

> "O sentido é uma construção social, um empreendimento coletivo, mais precisamente interativo, por meio do qual as pessoas — na dinâmica das relações sociais historicamente datadas e culturalmente localizadas — constroem os termos a partir dos quais compreendem e lidam com as situações e fenômenos à sua volta" (p. 41).

Não é exagero supor que muitas diferenças passam desapercebidas a partir do momento em que práticas sociais distintas são abrigadas sob a mesma denominação. E não se trata de um mero problema de "nomeação".

A fixidez do significado das palavras é aparente. Como nos mostra Merleau-Ponty (1999), é o conjunto da frase em uma situação específica que dá sentido à palavra, ou seja, o contexto em que esta última aparece é que engendrará o seu sentido. O uso da palavra em diferentes contextos a carrega com vários sentidos difíceis de fixar. Dito de outra maneira: "O sentido está sempre para além da letra, o sentido é sempre irônico" (Merleau-Ponty, 2002, p. 52). Isto é, à maneira da ironia, o sentido está "nas entrelinhas" do que é literalmente dito e só pode ser apreendido ao se levar em consideração a situação global da enunciação.

Também em Bakhtin (1992), o sentido não está nas palavras tomadas isoladamente, mas na enunciação como um todo. Ao sentido da enunciação completa — que inclui não só as formas linguísticas, mas também os elementos não verbais da situação

— ele dá o nome de *tema* (ou unidade temática), que "se apresenta como a *expressão de uma situação histórica concreta* que deu origem à enunciação" (p. 128, itálicos nossos). O sentido da palavra produz-se no interior do enunciado, que, por sua vez, elucida-se dentro do diálogo, considerando-se a dialogicidade e a responsividade que caracterizam os enunciados.

Convém também dizer que o sentido diferencia-se do significado. Vejamos a distinção feita por Vigotski (1996):

> "o sentido de uma palavra é a soma de todos os *eventos* psicológicos que a palavra desperta em nossa consciência. É um todo complexo, fluido e dinâmico, que tem várias zonas de estabilidade desigual. O significado é apenas uma das zonas de sentido, a mais estável e precisa. Uma palavra adquire o seu sentido no contexto em que surge; em contextos diferentes altera o seu sentido. O significado permanece estável ao longo de todas as alterações do sentido. O significado dicionarizado de uma palavra nada mais é do que uma pedra no edifício do sentido, não passa de uma potencialidade que se realiza de formas diversas na fala (...) Esse enriquecimento das palavras que o sentido lhes confere a partir do contexto é a lei fundamental da dinâmica do significado das palavras. Dependendo do contexto, uma palavra pode significar mais ou menos do que significaria se considerada isoladamente: mais, porque adquire um novo conteúdo; menos, porque o contexto limita e restringe o seu significado. Segundo Paulhan, o sentido de uma palavra é um fenômeno complexo, móvel e variável; modifica-se de acordo com as situações e a mente que o utiliza, sendo quase ilimitado. Uma palavra deriva o seu sentido do parágrafo; o parágrafo, do livro; o livro do conjunto das obras do autor" (p. 125, itálicos do autor).

A significação, ou significado, é, para Bakhtin (1992), apenas um aparato técnico para a realização do tema e do qual este último não se dissocia (p. 129). "A significação não quer dizer nada em si mesma, ela é apenas um *potencial*, uma possibilidade de significar no interior de um tema concreto" (p. 131, itálicos do autor).

A vida da língua, a realização do sentido, acontece, portanto, na interação entre pessoas no momento em que a língua é "posta a funcionar". Isto é, na linguagem em uso, na comunicação, na fala (a *parole*, oposta na concepção saussuriana à *langue*), nas *práticas discursivas*[15]. Ao mesmo tempo, a atividade de conferir sentidos às coisas não se dá por meio do agir de uma consciência pura sobre um mundo à parte, mas de dentro do próprio mundo (Merleau-Ponty, 1999). Pessoas não produzem sentidos sozinhas nem

---

(15) "O conceito de *práticas discursivas* remete, por sua vez, aos momentos de ressignificações, de rupturas, de produção de sentidos, ou seja, corresponde aos momentos ativos de uso da linguagem, nos quais convivem tanto a ordem como a diversidade". "Podemos definir, assim, *práticas discursivas* como linguagem em ação, isto é, as maneiras a partir das quais as pessoas produzem sentidos e se posicionam em relações sociais cotidianas" (M. Spink & Medrado, 1999, p. 45, grifos dos autores).

desencarnadas[16]. Assim, não há como estudar os sentidos fora das interações sociais e dos contextos materiais em que se produzem. O mesmo se pode dizer dos signos:

> "Os signos só podem aparecer em um *terreno interindividual*. Ainda assim, trata-se de um terreno que não pode ser chamado de 'natural' no sentido usual da palavra: não basta colocar face a face dois *homo sapiens* quaisquer para que os signos se constituam. É fundamental que esses dois indivíduos estejam socialmente organizados, que formem um grupo (uma unidade social): só assim um sistema de signos pode constituir-se" (Bakhtin, 1992, p. 35, itálicos do autor).

Ao mesmo tempo:

> "Realizando-se no processo da relação social, todo signo ideológico, e portanto também o signo linguístico, vê-se marcado pelo *horizonte social* de uma época e de um grupo social" (Bakhtin, 1992, p. 44, itálicos do autor).

Cada época e cada grupo, em razão das particularidades de sua existência, trarão "acentos" e ênfases diferentes aos signos. "Grupos sociais diferentes tentam *marcar* palavras de maneiras que expressem sua experiência de interação social e suas aspirações sociais" (McNally, 1999, p. 36, itálicos do autor). E fazem isso movendo-se por relações de poder. Assim:

> "Surgem, em outras palavras, discursos alternativos, porque os discursos oficiais não dão conta do todo das experiências de vida dos oprimidos. Estes últimos atuam em uma faixa de interações sociais total ou parcialmente isenta da interferência direta de seus senhores. E, nesses 'espaços', criam discursos ou gêneros que expressam sensações, sentimentos, ideias, opiniões e aspirações não reconhecidas pelo discurso oficial" (McNally, 1999, p. 39).

Nas palavras de Bakhtin (1992):

> "Consequentemente, *em todo signo ideológico confrontam-se índices de valor contraditórios*. O signo se torna a arena onde se desenvolve a luta de classes. Na verdade, é este entrecruzamento dos índices de valor que torna o signo vivo e móvel, capaz de evoluir (...) Mas aquilo mesmo que torna o signo ideológico vivo e dinâmico faz dele um instrumento de refração e de deformação do ser. A classe dominante tende a conferir ao signo ideológico um caráter intangível e acima das diferenças de classe, a fim de abafar ou de ocultar a luta dos índices sociais de valor que aí se trava, a fim de tornar o signo monovalente" (p. 46, itálicos do autor).

Não se deve, no entanto, imputar a Bakhtin o simplismo de supor uma relação direta entre classes e signo. Ao discutir a relação recíproca entre a infraestrutura e as superestruturas, critica duramente a aplicação da causalidade mecanicista ao seu estudo

---

(16) Gardiner (1998) aprofunda essas concepções a partir de uma aproximação entre Bakhtin e Merleau-Ponty em uma crítica ao solipsismo, de um lado, e uma reafirmação da ideia de *embodiment*, de outro.

(Bakhtin, 1992). Isso fica claro quando toma como exemplo o aparecimento do romance *O homem supérfluo* e sua relação com a esfera econômica:

> "Mesmo se a correspondência for justa, mesmo se o 'homem supérfluo' tiver efetivamente aparecido na literatura em correlação com a decadência econômica da nobreza, em primeiro lugar, disto não decorre em absoluto que os reveses econômicos correspondentes engendrem por um fenômeno de causalidade mecanicista 'homens supérfluos' nas páginas dos romances (a futilidade de uma tal suposição é absolutamente evidente); em segundo lugar, esta correspondência não tem nenhum valor cognitivo enquanto não se explicitarem o papel específico do 'homem supérfluo' na estrutura da obra romanesca e o papel específico do romance no conjunto da vida social (...) Não parece evidente que 'o homem supérfluo' não surgiu no romance de forma independente e sem qualquer ligação com os outros elementos constitutivos do romance? Bem ao contrário, o romance no seu conjunto reestruturou-se com um *todo único, orgânico*, submetido a suas próprias leis específicas" (p. 40, itálicos do autor).

Em síntese, o que interessou resgatar aqui foram dois aspectos. Primeiro, a compreensão de que os sentidos presentes nos discursos são "encarnados" e, por isso, refletem os modos de existir e de viver dos grupos que os produzem e seus posicionamentos em relação a outros grupos. Segundo, que o jogo entre os diferentes sentidos reflete as relações de poder estabelecidas entre esses grupos e, ao mesmo tempo, colaboram para a sua manutenção.

Cabe agora perguntar: como efetivamente estudar as relações de trabalho e os sentidos?

3. Sobre conversas, tramas e costuras

A fim de viabilizar o estudo das relações de trabalho e dos sentidos em consonância com a discussão realizada acima, tomou-se de empréstimo o modelo oferecido pela *actor-network theory* (Law & Hassard, 1999; Law & Mol, 1995).

Da perspectiva da "teoria do ator-rede", podemos compreender as relações de trabalho e os sentidos do cooperativismo como elementos interligados em uma rede de materialidades e socialidades. Da mesma forma, cada cooperativa concreta pode ser compreendida como o entrecruzamento de vários fios dentro dessa mesma rede.

Falar de materialidades nas cooperativas é referir-se, dentre outras coisas, aos processos técnicos adotados por cada uma delas, às demandas de mercado com as quais seus cooperados têm que lidar, às matérias-primas sobre as quais o trabalho humano é aplicado, aos instrumentos de trabalho, às condições socioeconômicas que levaram pessoas a reunirem-se em cooperativas.

Por sua vez, as socialidades dizem respeito, dentre outras coisas, à divisão do trabalho, aos papéis dentro da cooperativa, às relações de trabalho, às instâncias de poder, ao modo como o trabalho e o cooperativismo são concebidos pelos diversos atores sociais envolvidos etc.

Pessoas, coisas, artefatos materiais e simbólicos são entidades que "fazem coisas", produzem efeitos no mundo, isto é, suas ações ou, às vezes, sua simples existência interferem no modo como as redes em que estão inseridos se articulam. Por isso, são denominados aqui como *atores*. Suas ações ocorrem no mundo, dentro do qual afetam e são afetados por outros atores, de modo que seus efeitos só são apreendidos se consideramos sua interdependência.

Segundo John Law (1999), há uma tensão que se estabelece entre atores e redes na medida em que, a depender do foco que se adota, um ator (isto é, um elemento da rede) pode ser ele próprio uma rede. Segundo o autor, a propósito da expressão "ator-rede":

> "Esse é um nome, um termo que contém uma *tensão*. Trata-se de algo *intencionalmente contraditório*, uma tensão que se estabelece entre o 'ator' centrado, de um lado, e a 'rede' descentrada, de outro." (p. 5, itálicos do autor).

Isso significa dizer, para as finalidades desta pesquisa, que uma cooperativa tomada como objeto de interesse pode ser tanto uma rede — portanto o entrecruzamento de vários fios —, quanto um elementos dentro de outras redes.

A teoria do ator-rede aponta para um tipo de compreensão da construção da realidade denominada por Hacking (2001) como "montagem", que pode ser exemplificada pela pergunta: como os elementos presentes no campo se articulam para produzir as diferentes manifestações do cooperativismo que vêm florescendo desde a década de 1990 no Brasil?

Para essa montagem concorrem não apenas as ideias em circulação sobre o cooperativismo, as condições socioeconômicas que impeliram trabalhadores desempregados para esse tipo de empreendimento, mas a articulação interdependente desses e de outros elementos. As várias versões do cooperativismo podem ser consideradas como o resultado dessa articulação.

Nesse sentido é muito relevante a afirmação de M. Spink (2003) ao comentar a "ontologia política" de Annemarie Moll (1999):

> "Não estamos mais falando de perspectivas ou construções, mas de intervenção e performance. Para Moll, intervenção e performance sugerem que a realidade é feita (*done*) e en-acionada (*enacted*) ao invés de ser observada. Ao invés de ser vista por uma multiplicidade de olhos enquanto mantém-se intocada no centro, a realidade é manipulada por meio de instrumentos variados no curso de uma diversidade de práticas" (p. 5).

Isso tem implicações importantes para a atividade de pesquisa, tendo em vista que é um convite para que o investigador — ao tratar da produção conjunta de materialidades e socialidades e das redes de interações — volte sua atenção para os acontecimentos locais. Nas palavras de M. Spink (2003):

> "A atenção é assim fixada nas conexões parciais: os materiais, as socialidades e as histórias que contamos sobre eles são como retalhos costurados em uma colcha; como há muitas linhas possíveis e muitas tramas, a atenção se desloca para os modos locais de costura" (p. 4).

Essas implicações também afetam a própria noção de "campo de pesquisa". Segundo Peter Spink (2003a):

> "O campo é o método e não o lugar; o foco está na compreensão da construção de sentidos no espaço de vida do indivíduo, grupo, instituição ou comunidade (...) Campo é o campo do tema, o campo-tema; não é o lugar onde o tema pode ser visto — como se fosse um animal no zoológico — mas são as redes de causalidade intersubjetiva que se interconectam em vozes, lugares e momentos diferentes, que não são necessariamente conhecidos uns dos outros. Não se trata de uma arena gentil onde cada um fala por vez; ao contrário, é um tumulto conflituoso de argumentos parciais, de artefatos e materialidades" (p. 36).

A atividade do pesquisador que se aproxima de um certo campo pode ser, então, compreendida como sua própria inserção nessa conversa e a identificação das regiões "densas" do campo:

> "O que nós buscamos é nos localizar psicossocialmente e territorialmente mais perto das partes e lugares mais densos das múltiplas interseções e interfaces críticas do campo-tema *onde as práticas discursivas se confrontem e, ao se confrontar, se tornam mais reconhecíveis*" (Peter Spink, 2003a, p. 36, itálicos nossos).

O campo do cooperativismo configura-se, então, como o conjunto de discursos, práticas, instituições, grupos e artefatos que dão forma e informam o próprio campo. O campo do cooperativismo é o território no qual transitam os atores sociais que se associam em cooperativas, que debatem o cooperativismo, que alimentam sonhos e aspirações marcados pelas ideias cooperativistas. As cooperativas, os cooperados, as associações de cooperativas, as incubadoras, os incubadores, as assessorias a cooperativas, os sindicatos promotores do cooperativismo em suas bases — para citar apenas alguns exemplos —, as relações que estabelecem entre si e as materialidades que manipulam são parte do campo do cooperativismo.

O campo é simultaneamente um espaço de referência para os atores e um espaço de disputas. Por um lado, é no campo que se encontram as possibilidades de legitimação das práticas e as definições do que é autêntico ou falso. Por outro, o campo é palco das disputas entre diferentes versões da realidade. Isto é, é no interior do campo que atores sociais disputam, tendo por base suas condições materiais e políticas, o que virá a ser reconhecido como legítimo. Os movimentos sociais, por sua vez, revelam o esforço de fazer frente às versões hegemônicas e de fazer valer os modos como "atuam" a realidade.

Da mesma maneira, são processos de negociação dessa natureza que definem aquilo que é compreendido como *problema* dentro do campo. O que faz com que um determinado fenômeno receba o rótulo de "problema social"? Por que a partir da década de 1990, por exemplo, o cooperativismo passa a ser acalentado como solução para o desemprego?

Ao partir-se dos modos locais de configuração do cooperativismo foi possível ter indicações dos elementos que concorrem para a composição das relações de trabalho e dos sentidos — isto é, daquilo que está "em jogo" — e das direções para as quais se encaminham as ações que constroem o cooperativismo.

3 – Contexto das Experiências Atuais de Cooperativismo

Comecemos por identificar as condições que constituem o contexto em que se produziu, a partir dos anos 1990, a proliferação pelo país de novas cooperativas de trabalhadores e os elementos que permitiram suas diferentes manifestações, especialmente as que serão analisadas no próximo capítulo.

Paul Singer (2004) — ao chamar a atenção para essa proliferação, que denominou como "surto" de cooperativas de trabalho — enumera algumas razões para a sua ocorrência:

> "As cooperativas de trabalho estão em crescimento acelerado nos últimos anos. Diz-se que todo dia nascem duas novas cooperativas de trabalho em São Paulo. O surto das cooperativas de trabalho se explica pelas profundas transformações sofridas pelo mercado do trabalho, que são autêntica tragédia para o trabalhador. Em resumo, elas resultam do rápido crescimento da produtividade do trabalho, produzido pela revolução industrial em curso; da liberalização do comércio mundial, que tornou possível transferir quantidades cada vez maiores de postos de trabalho para países de baixos salários e parcos direitos sociais; a mesma liberalização ensejou a exportação em acelerado aumento de bens e serviços dos países para onde migram os capitais para os países em que o custo do trabalho é maior" (p. 1).

Nesse contexto, marcado pela saturação de mercados, pelo incremento do desemprego, pelo crescimento do mercado informal e pela fragilização dos vínculos de trabalho, várias são as respostas de diferentes setores da sociedade em função de seus interesses.

De um lado, intensificam-se os esforços das empresas para reduzir custos de produção, o que envolve, entre outras ações: a introdução de novas tecnologias que reduzem a necessidade de aplicação de mão de obra, a terceirização, as novas práticas de gestão. Antunes (1999) utiliza uma expressão muito eloquente para descrever esse quadro, que denomina como um processo "liofilização"[17] do trabalho, isto é, o enxugamento da produção em proporções nunca vistas antes na história do capitalismo.

Para Dowbor (2002), o conjunto dessas mudanças tem como resultado a flexibilização e a precarização das relações de trabalho:

> "De forma geral, *estamos indiscutivelmente assistindo a uma imensa flexibilização dos vínculos de trabalho*, a qual adota formas muito diversificadas. Estas surgem com tal ritmo que, no mais das vezes, tornou-se extremamente

---

(17) Liofilização é a "última palavra" no que se refere a técnicas de desidratação de alimentos, por isso seu uso por Antunes para descrever de modo irônico as proporções alcançadas pelo atual enxugamento do trabalho.

difícil acompanhar os diversos subsistemas que estão se formando. *A precariedade parece ser um denominador comum do processo*, ainda que nem todas as formas ou tendências sejam negativas" (p. 45, itálicos nossos).

De outro lado, trabalho, emprego e geração de renda são temas que passam a fazer parte das angústias diárias dos trabalhadores, das reivindicações dos movimentos sociais, das promessas de candidatos a cargos públicos e das políticas sociais propostas por vários governos.

No que diz respeito às cooperativas, elas aparecem como uma resposta ou alternativa dentre várias outras e é interessante notar as diferentes origens desses empreendimentos. Singer (2004) nos oferece algumas pistas para compreender essa diversidade do fenômeno.

As mudanças ocorridas no mercado de trabalho tornaram conveniente para as empresas a "substituição de trabalho assalariado regular por trabalho contratado autônomo", assim, segundo o autor,

> "Empresas criam cooperativas de trabalho, com seus estatutos e demais apanágios legais, as registram devidamente e depois mandam seus empregados se tornarem membros delas, sob pena de ficar sem trabalho. Os empregados são demitidos, muitas vezes de forma regular, e continuam a trabalhar como antes, ganhando o mesmo salário direto, mas sem o usufruto dos demais direitos trabalhistas. Estas são as falsas cooperativas também conhecidas como cooperfraudes e outros epítetos. São cooperativas apenas no nome, arapucas especialmente criadas para espoliar os trabalhadores forçados a se inscrever nelas" (p. 2).

Mas, ainda segundo Singer (2004), a terceirização de mão de obra não é a única origem dos empreendimentos cooperativos surgidos ao longo da última década:

> "A outra origem das cooperativas de trabalho resulta de iniciativas de trabalhadores marginalizados, sem chance de obter emprego regular ou ainda em perigo de perder o trabalho que têm. Esse é, por exemplo, o caso dos trabalhadores de empresas em crise, que se organizam em cooperativa ora *para tentar recuperar a sua ex-empregadora* (comprando-a com seus créditos trabalhistas e eventualmente com financiamento) ora *para disputar o mercado de serviços terceirizados*, tendo como arma sua proficiência profissional" (p. 2, itálicos nossos).

São essas as cooperativas que se formaram a partir das "empresas recuperadas" — algumas das quais associadas, por exemplo, à Anteag ou à UniSol, entidades referidas no primeiro capítulo.

Vemos também surgirem as chamadas cooperativas populares, cuja formação tem ligação estreita com iniciativas locais e com o fomento de instituições como as incubadoras universitárias. Segundo o autor:

> "*Formam também cooperativas de trabalho trabalhadoras e trabalhadores muito pobres, que sobrevivem vendendo seus serviços individualmente e tentam*

obter melhores condições de ganho unindo-se em cooperativas de trabalho. Estas cooperativas são obviamente verdadeiras, frutos da livre vontade dos que nelas se associam, que não espoliam ninguém e são criadas como armas na luta contra a pobreza" (p. 2, itálicos nossos).

Tomando como base a diferenciação apresentada acima por Paul Singer, discutamos cada uma dessas modalidades do cooperativismo de trabalho.

1. Cooperativas de mão de obra

Os empreendimentos nomeados como "cooperativas de trabalho" têm sido alvo de processos conduzidos pelo Ministério Público e da fiscalização do Ministério do Trabalho e Emprego. As ações dessas duas instâncias do poder público assentam-se basicamente na caracterização de vínculo empregatício na relação entre cooperativa e cooperados.

O que caracteriza o trabalho assalariado é a pessoalidade, a não eventualidade, a onerosidade e a subordinação (Esteves, 2002). Isto é, o trabalho assalariado refere-se ao contrato do empregador com uma pessoa específica (nenhum outro pode fazer o trabalho em seu lugar), durante tempo indeterminado, em troca de salário e, nessa relação, o empregado encontra-se subordinado ao empregador ou a seus representantes (está sob suas ordens e comando). É a presença dessas características nas cooperativas de trabalho que justifica a ação do poder público.

O fato é que, com já vimos, nem todas as cooperativas de trabalhadores mantêm essas características, embora muitas vezes estejam sob a denominação de "cooperativas de trabalho".

Singer (2004), referindo à atuação do Ministério do Trabalho e Emprego e do Ministério Público e o combate às cooperativas de trabalho, faz uma importante distinção entre cooperativas "de trabalho" e cooperativas "de mão de obra":

> "A fiscalização e o ministério público, na verdade, tentam distinguir entre cooperativas de trabalho e cooperativas que chamam *de mão de obra*. As cooperativas de trabalho seriam as que vendem o produto do trabalho dos membros, desde que seja feito com meios próprios de produção e em recinto da cooperativa. As cooperativas de 'mão de obra' seriam as que vendem o produto do trabalho (serviço) feito com meios de produção e no local do comprador [da mão de obra]" (p. 2, itálicos do autor).

Salientando a importância dessa diferenciação, relativiza, contudo, a perseguição às cooperativas de mão de obra:

> "Como já foi visto, a formação de falsas cooperativas é apenas uma das formas de precarizar o trabalho de que dispõem as empresas que desejam fazê-lo. Existem outras, algumas das quais mencionamos acima. Por isso, a destruição das cooperativas ditas de 'mão de obra' não impede nem previne a destruição do assalariamento regular e com ela a expropriação de um número cada vez maior de trabalhadores de seus direitos constitucionais" (p. 4).

E arremata:

> "Em suma, em vez de perseguir algumas formas de precarização do trabalho, como as cooperativas ditas de 'mão de obra', na vã esperança de restaurar o assalariamento regular, *o que precisamos fazer é generalizar os direitos trabalhistas como direitos humanos de todos que trabalham, sejam autônomos individuais ou coletivos, sejam assalariados ou estatutários*. Para alcançar isso, é necessário criar legislação que viabilize economicamente o usufruto dos direitos humanos do trabalho por todos. Isso significa socializar em parte ou inteiramente os custos do cumprimento dos direitos do trabalho, que não podem recair somente sobre o empregador, o contratante do serviço ou o consumidor do produto" (p. 5, itálicos nossos).

Walter Tesch (1997), por seu turno, defende as cooperativas de mão de obra, que nomeia como cooperativas de trabalho. Na sua opinião, se as empresas privadas, como as empreiteiras, podem vender mão de obra, por que as cooperativas não poderiam? Por que só os empresários teriam esse direito? Tesch é enfático na sua defesa:

> "A cooperativa de trabalho não é coveira da legislação trabalhista nem instrumento de flexibilização das relações de trabalho. Emerge, ao contrário, como uma estrutura de organização que constrói novas relações de trabalho com o mercado, com perspectiva de gerar trabalho e renda" (p. 1).

A análise da defesa feita pelo autor é elucidativa de muitos aspectos importantes dos sentidos circulantes sobre o cooperativismo. Tesch afirma que as cooperativas de trabalho, isto é, as que vendem mão de obra, são uma resposta à intermediação das relações de trabalho, tendo em vista que não se tratariam de um "terceiro" a mediar o vínculo entre empregado e empregador, mas os próprios trabalhadores organizados vendendo a sua mão de obra, não como autônomos, mas de forma coletiva, dividindo entre si, inclusive, o excedente que seria apropriado pelo intermediador.

Há vários pontos que merecem ser discutidos a respeito desse argumento. Dentre eles um que consideramos extremamente profundo e que diz respeito à existência da instituição "cooperativa" como um terceiro ou não. A questão é, como no caso da cooperativa de mão de obra que discutiremos adiante, quão exterior ou distante é a cooperativa dos cooperados, quão estranha lhes é a gestão do empreendimento?

2. Economia solidária

Ao mesmo tempo que o trabalho se precariza, a sociedade não permanece imóvel. Como em todas as situações de crise econômica dentro do capitalismo, crescem e ganham visibilidade as iniciativas de pessoas ou grupos em busca de meios para manter e levar a vida. Iniciativas às vezes incipientes, às vezes mais estruturadas, quase sempre ampliando o espaço da economia informal e ocupando os interstícios da grande economia espalham-se por várias cidades do país.

São iniciativas muito diferentes entre si e, considerando-se o debate atual, sua própria denominação apresenta-se como um problema. O conjunto dessas iniciativas é o que se costuma nomear como economia solidária, economia social, economia popular, dentre outras designações (Gaiger, 2004; Kraychete, Lara & Costa, 2000; Singer, 2002; Tiriba, 2001).

De acordo com Singer (2000), a economia solidária não é uma teoria em si, mas uma série de práticas as mais diversas (de cunho associativista, mutualista ou comunitário) levadas a cabo por trabalhadores na sua luta pela sobrevivência, especialmente em períodos de crises econômicas, sobre as quais é possível teorizar e para as quais é possível propor formas de estímulo e fomento. Segundo o autor:

> "A economia solidária não é criação intelectual de alguém (...) é uma criação em processo contínuo de trabalhadores em luta contra o capitalismo. Como tal, ela não poderia preceder o capitalismo industrial, mas o acompanha como uma sombra em toda a sua evolução" (p. 13).

Ou, como afirma Gaiger (2004),

> "O solidarismo econômico entre os trabalhadores vem de longa data e materializa-se num conjunto heterogêneo de experiências de diferentes proveniências, em época e lugar, a formar uma história por fios que se entrelaçam em determinados momentos, história da qual a economia solidária é por assim dizer mais um episódio, com um notável poder de revitalização dos ideais emancipatórios, de politização e de convergência das suas diversas expressões concretas" (p. 373).

As empresas cooperativas aparecem nas formulações da economia solidária como a forma privilegiada de produção, mas a economia solidária abrange muitas outras iniciativas, como os clubes de troca, as cooperativas de consumo e as de crédito (Cattani, 2003; Primavera, 2001a, 2001b; Santos & Rodríguez, 2002; Singer, 1999, 2002).

O interesse por esse fenômeno ensejou a criação de um movimento que reúne empreendimentos econômicos solidários e militantes de todo o país. Vários são os grupos que representam esse movimento e uma parte importante deles articula-se em torno do Fórum Brasileiro de Economia Solidária.

Na "Carta dos empreendimentos da economia solidária ao presidente da república" (2004), militantes da economia solidária — fazendo alusão ao lema "outra economia é possível"[18] — afirmam que, na prática, "outra economia acontece":

> "Companheiro Presidente, somos mulheres e homens que lutamos e trabalhamos na perspectiva de construirmos uma nova sociedade, baseada em novas práticas sociais e econômicas. Nossas referências são a solidariedade e a igualdade, afirmando a participação ativa e a transparência rumo a uma economia democrática e ao acesso ao fruto do nosso trabalho. Afirmamos pela nossa prática cotidiana que outra economia acontece" (p. 1).

---
(18) Que também é o título do livro organizado por Souza, Cunha e Dakuzaku (2003).

Esses empreendimentos têm lutado por mudanças no quadro jurídico-legal que regula o funcionamento das cooperativas no país. Na mesma carta, dentre outras coisas, solicitam ao Governo Federal:

> "Legislação que diferencie as cooperativas tradicionais das organizações em economia solidária constituídas como empresas autogestionárias sob o regime de cooperativas, associações e outras formas que tenham como prática a não precarização do trabalho, a distribuição justa do resultado do trabalho, livre acesso às informações e democracia interna" (p. 1).

Esse movimento procura, através de suas ações, reunir as condições necessárias para a sobrevivência e o fortalecimento desse setor da economia. Ao mesmo tempo, busca seu reconhecimento e sua legitimação: por isso a insistência ao apontar suas diferenças existentes em relação às cooperativas tradicionais.

Deve-se atentar, porém, para as conclusões de Gaiger (2004) a respeito das condições necessárias para o surgimento dos empreendimentos solidários. Segundo o autor — que coordenou uma extensa pesquisa multicêntrica promovida pela Unitrabalho[19] —, o incremento do desemprego não é suficiente para explicar a economia solidária. Ele enumera um conjunto de circunstâncias necessárias para o surgimento dos empreendimentos econômicos solidários (Gaiger, 2004, p. 374-377):

> a) "Presença de setores populares com experiência em práticas associativas, comunitárias ou de classe";
>
> b) "Existência de organizações e lideranças populares genuínas";
>
> c) "Chances favoráveis para que práticas econômicas associativas sejam compatíveis com a economia popular dos trabalhadores";
>
> d) "Presença de entidades e grupos de mediação aptos a canalizar as demandas dos trabalhadores para alternativas associativas e autogestionárias";
>
> e) "Incidência concreta, sobre os trabalhadores em questão, dos efeitos da redução das modalidades convencionais de subsistência";
>
> f) "Formação de um cenário político e ideológico que reconheça a relevância dessas demandas sociais e das alternativas que apontam".

E conclui:

> "A levarem-se a sério tais requisitos, a primeira dedução a fazer, talvez desconcertante para os espíritos mais entusiastas, é que a existência de um empreendimento econômico solidário nada tem de corriqueiro, de trivial, tampouco é um reflexo previsível, uma espécie de reação em cadeia (senão agora, muito em breve) diante da crise do mercado de trabalho ou da insuficiência crescente das alternativas habituais de ocupação e de sobrevivência.

---

(19) Rede Interuniversitária de Estudos e Pesquisas sobre o Trabalho.

> Várias condições necessitam ser atendidas, concorrendo para isso diferentes elementos, cuja presença e cuja força muitas vezes dependem de condições criadas ao longo do tempo, à revelia das intenções ou graças a iniciativas conscientes e gradativamente amadurecidas pelos sujeitos que hoje protagonizam o novo solidarismo econômico. Tais experiências, imersas em histórias individuais e coletivas, não obedecem a leis de geração espontânea, não germinam artificialmente e apenas em casos especiais podem ter o seu nascimento abreviado. A formação de sujeitos populares ativos e organizados — misto de necessidades e de vontades — conhece poucos atalhos... e muitos desvios" (p. 377).

Se a sociedade organiza-se de seu lado, o poder público também procura dar conta dos problemas relacionados ao mercado de trabalho.

A Prefeitura de São Paulo, por exemplo, enquanto tinha à frente da Secretaria do Desenvolvimento, Trabalho e Solidariedade o economista Marcio Pochmann, desenvolveu uma experiência inovadora de fomento aos empreendimentos econômicos solidários e, em particular, às cooperativas populares através do Programa Oportunidade Solidária. Ao que tudo indica, a gestão atual dará prosseguimento a esse programa.

O Programa Oportunidade Solidária era um dentre vários programas articulados que buscavam favorecer a inserção social dos segmentos mais pobres da população do município de São Paulo (Pochmann, 2004). Esse programa oferecia bolsas durante um período de seis meses para que os inscritos participassem de um processo de formação em cidadania e cooperativismo. A formação era oferecida por entidades parceiras (dentre elas as incubadoras universitárias) contratadas para esse fim. Ao final desse período, os grupos de trabalhadores interessados em formar cooperativas apresentavam seus projetos e recebiam a assessoria dos mesmos educadores por mais seis meses.

Várias cooperativas surgiram a partir desse programa, incluindo algumas das quais foram objeto desta pesquisa.

Deve-se apontar também, no plano nacional, o importante papel das ações da Secretaria Nacional de Economia Solidária (Senaes) no fomento de iniciativas que visam fortalecer a economia solidária. Suas ações articulam-se atualmente em torno do Programa "Economia Solidária em Desenvolvimento":

> "O Programa Economia Solidária em Desenvolvimento tem como objetivo promover o fortalecimento e a divulgação da economia solidária, mediante políticas integradas, visando à geração de trabalho e renda, a inclusão social e a promoção do desenvolvimento justo e solidário. Assim, está relacionado com os objetivos da política setorial do Ministério do Trabalho e Emprego, ou seja, 'Crescimento com geração de trabalho, emprego e renda, ambientalmente sustentável e redutor das desigualdades sociais' ao desenvolver políticas de fomento e estímulo às atividades econômicas orientadas e organizadas pela autogestão. A Economia Solidária tem se mostrado também um importante

instrumento de combate à pobreza e geradora de inclusão social. E tem se constituído em uma política transversal no interior do Governo Federal" (Senaes, 2005d, p. 3).

Ao mesmo tempo que demandas e respostas a elas se configuram e conferem forma ao campo do cooperativismo, uma série de discursos — que se desdobram na tentativa de "dizer" o mundo do trabalho — vêm tomando corpo e passam a circular na sociedade em geral. São discursos que proferem ideias como empregabilidade, autoemprego, empreendedorismo, fim dos empregos. Eles são produtos das contingências atuais e, ao mesmo tempo, entram como elementos na composição daquilo que se diz e que se faz no campo do cooperativismo. Trabalhadores são exortados a serem patrões de si mesmos a se portarem como se fossem, cada um, uma empresa.

O que interessa notar aqui é a diferença entre o empreendedorismo individual e o empreendedorismo coletivo. Se neste último a ideia é juntar forças para enfrentar uma situação difícil vivida em comum, no primeiro impera a ideia de "cada um por si", do indivíduo entregue à sua própria sorte.

Como os vários elementos acima demonstram, configura-se um quadro no qual a figura jurídica da cooperativa passa a responder a diferentes demandas, mesmo que cada uma delas represente interesses tão distintos. A própria existência legal da cooperativa como alternativa de produção e de aplicação da força de trabalho, bem como as possibilidades de resposta que oferece às demandas de todos esses atores sociais, constituem-se como elementos de montagem para as relações de trabalho que se estabelecem nessas organizações.

Esses elementos — a base legal do cooperativismo, as demandas por flexibilização das relações de trabalho, a terceirização, de um lado, e a luta por formas alternativas de geração de trabalho e renda, de outro, são as bases sobre as quais se constroem as relações de trabalho no cooperativismo.

Considerando esses elementos e seguindo as indicações de Singer (2004), citadas acima, prosseguiremos investigando e comparando casos de cooperativas formadas pelas diferentes vias indicadas pelo autor: a terceirização de mão de obra, a recuperação de empresas em crise por trabalhadores apoiados por seus sindicatos e a associação em cooperativas populares de trabalhadores como estratégia de enfrentamento da pobreza.

Se para as pessoas mais familiarizadas com o cooperativismo pode parecer óbvio que existam diferenças entre essas modalidades de cooperativas, ainda é necessário definir quais são exatamente essas variações, os eixos em que elas se situam e compreender o modo como se produzem. Mais do que isso, cabe perguntar: de que modo os trabalhadores vivenciam as relações de trabalho que se desenrolam nas diferentes cooperativas?

4 – Arranjos Locais

"Autogestão? Não sei... seria quando não tem uma gestora, quando todo mundo vira essa ponte? Não sei... Será que é isso? Eu nunca ouvi falar de autogestão... Eu penso que seria isso, mas, lá na cooperativa, eu não fiquei sabendo disso não. Eu fiquei sabendo que sempre tem um gestor. Agora, sobre autogestão nunca soube não. Será que autogestão teria a ver mais com essa autonomia que... não sei, essa autonomia que o cooperado tem? Às vezes é isso. Não sei. Estou falando besteira?"
(Rosemeire, terapeuta ocupacional, cooperativa de mão de obra).

"Autogestão é o que a gente faz: estamos gerindo o nosso próprio negócio"
(Adilson, almoxarife, cooperativa industrial).

Se podemos considerar as cooperativas como arranjos locais ou redes — nos termos propostos pela *teoria do ator-rede* —, prossigamos agora analisando suas diferenças no que se refere às relações de trabalho estabelecidas em cooperativas concretas e procurando elencar os principais elementos que se articulam para a produção dos diferentes sentidos, isto é, as matrizes que hoje permitem as variadas nuances do fenômeno.

Levando-se em consideração o exposto acima, a estratégia de pesquisa consistiu principalmente na inserção do pesquisador no campo do cooperativismo e na realização de entrevistas com cooperados pertencentes a diferentes empreendimentos.

Muitas conversas com cooperados ocorreram ao longo da pesquisa e contribuíram sobremaneira para as reflexões aqui propostas, assim como também contribuíram o trabalho de exploração inicial do campo e as visitas às cooperativas e aos locais de trabalho nos quais atuavam nossos depoentes. Conversas com educadores, pesquisadores e estagiários que atuavam em algumas dessas cooperativas também foram importantes. No entanto, apenas algumas das conversas com cooperados foram gravadas em forma de entrevistas semiestruturadas. Essas entrevistas seguiram um roteiro prévio de questões norteadoras. Contaram com o auxílio de um pequena equipe de auxiliares de pesquisa, amparada e treinada pelo pesquisador principal, para o registro e a transcrição das entrevistas.

As entrevistas, 14 no total, foram realizadas seguindo-se os princípios de aproximação sucessiva do campo e de construção de hipóteses durante o processo, os quais orientaram a escolha dos entrevistados de forma gradual (Yin, 2001). Isto é, na sequência das entrevistas, uma nova entrevistas só foi realizada depois da análise prévia das entrevistas anteriores.

Como resultado desse processo, foram entrevistados sócios de nove cooperativas: uma cooperativa de produção industrial do ramo metalúrgico; uma cooperativa de mão de obra de profissionais da saúde que prestava serviços a um hospital; três cooperativas de alimentação, duas cooperativas de costura, uma cooperativa de serviços gerais e uma cooperativa de reciclagem. Foram realizadas quatro entrevistas com trabalhadores da cooperativa de mão de obra, três entrevistas com sócios da cooperativa industrial e entrevistas com um cooperado de cada uma das sete cooperativas populares.

Note-se que o pesquisador já havia estabelecido contatos e trabalhado com a maioria dessas cooperativas antes da realização desta pesquisa.

Sobre os procedimentos de entrevistas, deu-se ênfase à memória e buscaram-se relatos da relação do cooperado com sua cooperativa.

Privilegiou-se o diálogo entre formas distintas de expressão do cooperativismo para, através do contraste, reconhecer as categorias chaves que participam de sua montagem e apontar aquilo que concorre para compor os diferentes e sobrepostos sentidos, os fios que servem às várias tramas.

A análise que se segue orientou-se por essa busca e estrutura-se a partir da apresentação das condições de diferenciação, dos indícios das diferenças e da reflexão sobre elas.

1. Sobre as cooperativas e seus sócios

A *cooperativa de mão de obra* a que tivemos acesso é um dos vários empreendimentos que fornecem trabalhadores da saúde para hospitais privados e que têm abrangência nacional. Não se trata de uma cooperativa de médicos ou de profissionais que se associam para oferecer serviços de saúde, mas de uma cooperativa que faz a colocação de profissionais em hospitais convencionais.

O hospital para o qual trabalham nossos entrevistados optou pela contratação de mão de obra nesses moldes diante da crise do Sistema Único de Saúde, cujos repasses não tiveram reajustes por muitos anos, e da consequente necessidade de redução de gastos. Segundo Priscila, a psicóloga entrevistada:

> "Os salários não aumentavam e chegou uma hora em que foi ficando impossível — eu não trabalhava aqui ainda, eu entrei pela cooperativa — ter funcionários CLT e pagar todos aqueles benefícios. Foi aí que se pensou na saída das cooperativas, porque aí quem arca com as despesas seriam os próprios cooperados, eles que têm que pagar os encargos. Na época, para algumas pessoas foi complicado, saíram" (Priscila, psicóloga, cooperativa de mão de obra).

Dessa cooperativa foram entrevistados quatro trabalhadores. Dois auxiliares de enfermagem, uma psicóloga e uma terapeuta ocupacional.

As depoentes de formação universitária chegaram à cooperativa de modo indireto: souberam da existência da vaga no hospital, submeteram-se a um processo seletivo e só depois foram informadas de que deveriam associar-se à cooperativa para assumirem seus cargos. Os auxiliares de enfermagem entrevistados seguiram um caminho diferente: ficaram sócios da cooperativa e, em seguida, foram informados do concurso nesse hospital.

Caio, o auxiliar de enfermagem, trabalhava também em outro hospital, no qual era contratado sob a CLT.

Quanto à *cooperativa de produção industrial*, ela é uma das várias empresas recuperadas existentes no Brasil. Depois de ser anunciado seu fechamento, a empresa passou para o comando dos trabalhadores, que receberam parte do patrimônio como pagamento de dívidas trabalhistas.

O processo de negociação de uma alternativa ao fechamento da fábrica foi longo e mediado pelo sindicato dos trabalhadores metalúrgicos da região. A proposta de formação da cooperativa contou com o apoio de instituições ligadas ao cooperativismo.

Tornarem-se cooperados não foi propriamente uma escolha desses trabalhadores. A situação que se configurou durante a crise gerada pela antiga direção ao anunciar o fechamento da empresa foi a opção entre ficar desempregados ou constituir a cooperativa. Muitos funcionários saíram da empresa nessa época, especialmente aqueles mais qualificados.

As retiradas da cooperativa estão em média acima do piso salarial da categoria para cada profissão. Isso ocorre especialmente em relação às profissões que têm remunerações menores no mercado. Embora mantenham diferenças de rendimentos mensais em razão das diferentes profissões (o que não deixa de ser um vestígio da divisão de saberes inaugurada pelo taylorismo-fordismo), a proporção da maior para a menor retirada mensal caiu consideravelmente. Hoje, o maior valor corresponde a nove vezes o menor, enquanto antes correspondia a quinze vezes. Quanto às sobras ao final do ano fiscal, elas são divididas igualmente entre todos os sócios sem distinção por profissão.

Trata-se de uma cooperativa em transição. Isso aparece em vários aspectos, como na forma de seu funcionamento e nas falas dos sócios. Assim, a cooperativa ainda guarda marcas da empresa "tradicional" que um dia foi, mas as mudanças fundamentais pelas quais passou faz com que essas mesmas marcas se manifestem de forma peculiar, como veremos adiante.

Para a conveniência da análise e pelas suas semelhanças, as pequenas cooperativas — de alimentação, de costura, de serviços diversos e de reciclagem — às quais pertenciam sete dos entrevistados foram agrupadas sob o rótulo de *cooperativas populares* ou cooperativas de economia solidária. Embora diferentes entre si, essas cooperativas, em seu conjunto, revelaram maiores contrastes em relação às outras cooperativas estudadas do que entre elas mesmas.

As cooperativas populares cujos sócios tivemos a oportunidade de entrevistar foram todas formadas por incubadoras universitárias e em projetos fomentados pelo poder público. São constituídas por pessoas muito pobres e suas atividades dividiam-se entre a produção artesanal ou a prestação de serviços.

Se a cooperativa de mão de obra e a cooperativa de produção industrial garantiam rendimentos iguais ou acima do mercado em função das profissões de cada cooperado, as cooperativas populares investigadas, por diversas razões, apenas permitiam aos entrevistados obter pequenas retiradas. Essa não é a regra das cooperativas populares em geral, que têm realidades muito distintas, mas no caso das cooperativas aqui estudadas, era essa a principal dificuldade enfrentada pelos cooperados.

Tanto na cooperativa de produção industrial, quanto nas cooperativas populares, algo que marcou as conversas foram os relatos heroicos das histórias de suas fundações. Esses relatos, quase sempre emocionados, demonstram a dimensão das dificuldades enfrentadas e também a forma como, através da luta, os vínculos entre os cooperados se solidificaram ao longo do processo de constituição de seus empreendimentos.

A partir da exploração do campo e das conversas com trabalhadores das cooperativas descritas acima foi possível elencar um conjunto de temas relevantes para a compreensão das relações de trabalho e dos sentidos do cooperativismo presentes nesses empreendimentos. Cada um desses temas é apresentado e analisado a seguir.

2. Gestão da cooperativa e gestão do trabalho

Um primeiro aspecto que chama a atenção ao se comparar as cooperativas descritas acima refere-se à relação existente entre duas dimensões: a gestão da cooperativa em si e a gestão do processo de trabalho.

Na cooperativa de mão de obra observou-se a separação completa entre a vivência como cooperado e a vivência como trabalhador, clivagem que ocorre tanto por razões materiais, quanto institucionais. Primeiro, a cooperativa e o hospital ficam em lugares diferentes e distantes entre si. Segundo, o empreendimento no qual esses indivíduos são sócios (juntamente com trabalhadores de outros hospitais para os quais a cooperativa também fornece mão de obra) não diz respeito e não se confunde com a instituição em que exercem suas atividades cotidianas. Embora sejam sócios em um negócio, seu dia a dia de trabalho não é marcado por esse fato.

Decorre dessa separação que a gestão da cooperativa acontece à parte da gestão do trabalho. Há, por um lado, a gestão da cooperativa em si mesma com suas assembleias, decisões relativas a taxas, benefícios, retiradas. E, de outro, a gestão do trabalho no hospital, que, embora pouco autocrática nesse caso específico, não difere em nada da heterogestão do trabalho em um hospital qualquer.

O hospital é gerido por seus donos, que encabeçam uma estrutura hierárquica hospitalar tradicional: mantém-se inalterada, portanto, a divisão entre gestão e trabalho. Quanto à cooperativa em si, há um pequeno grupo de sócios e de funcionários que a administra.

A possibilidade de participar da gestão dessa cooperativa é remota ou, ao menos, desinteressante para a maioria dos trabalhadores. O caminho para ingressar nessa "carreira" é um curso de formação de gestores, o que denota o caráter opcional da participação na gestão, que não é prevista como parte das atribuições comuns e rotineiras desses trabalhadores. Sobre o curso de formação de gestores, falou-nos Lídia:

> "[Mas não teve nenhum treinamento relativo ao cooperativismo?] *Não, só que, logo que você entra, é obrigado a participar da palestra, só aquela palestra. Tem curso para gestor, tem também, se você quiser se aprofundar no cooperativismo tem o curso de gestor, mas eu nunca me interessei*" (Lídia, auxiliar de enfermagem, cooperativa de mão de obra).

A separação indicada acima distancia a cooperativa de mão de obra de seus cooperados. Isso evidencia-se de vários modos, por exemplo, no uso do pronome "eles" para fazer referência aos gestores e à cooperativa, no desconhecimento a respeito de seu funcionamento, no desinteresse pelas assembleias quase sempre anuais ou até mesmo no número reduzido de vezes que cada cooperado foi pessoalmente à sede: foram até lá basicamente para serem admitidos como sócios e receberem informações gerais sobre a cooperativa, especialmente aquelas que procuram deixar claro que não há vínculo empregatício entre cooperativa e cooperado.

Assim, a cooperativa fica de fora, distante do dia a dia. Essa é a razão, por exemplo, para que Priscila afirme não se sentir uma cooperada:

> "*Quando a gente tem que discutir as coisas, por exemplo, essa história do feriado: foi uma luta nossa com a diretoria. Não é a cooperativa, a gente que batalhou e aí 'conseguimos'. Mas a cooperativa fica muito de fora, muito distante do nosso dia a dia, tanto é que eu não me sinto cooperativa, sabe? Eu sou como se fosse funcionária, não me sinto fazendo parte das decisões.*" (Priscila, psicóloga, cooperativa de mão de obra).

A distância existente em relação à cooperativa de mão de obra, como aponta Priscila, cria uma situação na qual a cooperativa não representa efetivamente seus sócios diante dos tomadores de serviços. Assim, a negociação passa a ser direta, entre os trabalhadores e o hospital, como em uma empresa comum, nos moldes das tradicionais relações entre patrões e empregados. Priscila prossegue em sua fala:

> "*É mais aqui dentro, porque aqui a gente se organiza e tudo e conversa com a diretoria e tenta por aqui, mas com a cooperativa é meio difícil* [Aqui dentro vocês se organizam e conseguem participar um pouco, mas não tem a ver com a cooperativa?] *É, aqui dentro a gente se organiza e a gente reivindica. Coisa simples, por exemplo, a gente mudou agora de sala, então a gente quer um lugar melhor, quer que aquele lugar fique melhor, então precisa dessa mudança, daquela outra, sei lá, 'abre uma porta', 'melhora esse espaço' e tal. Então, a gente vai lá e conversa com eles e aí, tudo bem, ok. A coisa do feriado também é com eles, nunca é via cooperativa, nunca é!*" (Priscila, psicóloga, cooperativa de mão de obra).

Diante disso, a cooperativa torna-se irrelevante para Priscila e ela já não reconhece diferença alguma entre o trabalho no hospital e em uma empresa qualquer:

> "[Então, nesse sentido da organização, do funcionamento do trabalho, você não vê diferença do que seria se vocês não fossem cooperados?] *Não! É isso mesmo! Não tem diferença! Acho que isso é da gente e acho que é um espaço que a gente foi conquistando com a diretoria, de mostrar nossas necessidades, também as dos pacientes; acho que ter a cooperativa ou não ter, não é assim que diferencia* [Então, você não vê diferença do que se você tivesse sido contratada por uma empresa qualquer?] *Não, eu acho que é muito mais o vínculo da gente aqui dentro do que a relação com a cooperativa. (...) Eu estou*

falando como se fosse a cooperativa longe de mim... eu estou incluída, mas eu também não tenho nenhum movimento de ir atrás, de cobrar um outro jeito de funcionar porque eu não sinto que esse jeito de funcionar, que isso é uma cooperativa" (Priscila, psicóloga, cooperativa de mão de obra).

Na cooperativa industrial e nas cooperativas populares estudadas, a separação discutida acima não existe, pois há a coincidência entre a cooperativa e o local de trabalho: ambos encontram-se no mesmo espaço físico e se confundem, ambos existem como a mesma dimensão institucional. Desse modo, cada sócio refere-se indistintamente à sua cooperativa e ao seu trabalho e o dia a dia de trabalho é marcado pela vivência em comum na cooperativa.

Essa indistinção não chega a ser exatamente a situação da cooperativa de serviços gerais, pois uma parte considerável de suas atividades acontece fora da cooperativa. Nessa cooperativa popular, os diversos serviços são prestados no local onde o cliente se encontra, seja uma residência que teve um cano rompido, seja uma empresa que solicitou a limpeza de seus jardins. Entretanto, no espaço físico da cooperativa também são realizadas cotidianamente atividades que fazem parte do trabalho. Por isso há diferenças importantes em relação à cooperativa de mão de obra.

Primeiro, os trabalhadores têm a cooperativa como referência para sua ação. É lá que, segundo Ronaldo, ficam suas coisas, é de lá que, em geral, partem para encaminharem-se aos locais onde prestarão serviços e é na cooperativa que se reúnem periodicamente para tomar decisões relativas ao negócio. Segundo, são os próprios trabalhadores que negociam os contratos com os tomadores de serviços em uma espécie de rodízio que tem garantido que a maioria dos sócios já tenha passado por esse tipo de contato com clientes. Terceiro, os serviços são eventuais e limitados no tempo: encontra-se aí, na verdade, a diferença fundamental entre vender mão de obra e vender serviços. Tanto é que, quando perguntados onde trabalham, sua pronta resposta é "na cooperativa". Enquanto que, na cooperativa de mão de obra, a resposta mais provável seria "no hospital".

Há uma miríade de consequências que se originam da separação ou não da gestão da cooperativa e da gestão do trabalho. Elas serão exploradas em vários momentos a seguir.

3. Assembleias e reuniões

Decorre, em grande parte, da coincidência ou não da gestão da cooperativa e da gestão do trabalho nos empreendimentos estudados a possibilidade de interferência dos trabalhadores sobre suas atividades. Nesse aspecto, os processos de tomada de decisão também apresentam variações dignas de nota e reveladoras do alcance dessa influência.

Os espaços formais de decisão das cooperativas englobam as assembleias ordinárias, que são anuais, as assembleias extraordinárias, cuja frequência é variável, e diversos tipos de reuniões.

Na cooperativa industrial e nas cooperativas populares estudadas, as reuniões e as assembleias são espaços importantes de discussão e de decisão, mesmo que nem todos os cooperados participem assiduamente delas. O eventual esvaziamento depende do teor dos temas que serão debatidos e votados, mas as assembleias são sempre soberanas em suas decisões, que abarcam desde a escolha de representantes até decisões relativas a negócios, como aprovação de contratos, compra de equipamentos e investimentos.

Na cooperativa industrial, por exemplo, as assembleias extraordinárias (que podem ter uma frequência mensal ou quinzenal, a depender dos problemas que surjam) são antecedidas por reuniões do conselho eleito ou de grupos que levantam os problemas que farão parte de sua pauta e recolhem informações que servirão de base para as decisões.

> "As decisões aqui são tomadas em assembleia. A gente faz umas 'reuniões ordinárias' e depois, a assembleia geral. A gente reúne todo mundo daquele assunto que já foi conversado numa reunião ordinária para decidir pelo voto da maioria a pauta que é levada para uma assembleia. Porque aqui tudo é decidido em assembleia, desde a inclusão de alguém, a exclusão, a compra de equipamentos. Tudo é decidido em assembleia!" (Adilson, almoxarife, cooperativa industrial).

Reuniões periódicas também acontecem nas cooperativas populares. Ronaldo, por exemplo, da cooperativa de serviços gerais descreve essas reuniões:

> "A gente tem a nossa reunião uma vez por mês, a gente chama 'reunião de decisão'. Essa reunião tem um caráter, assim, decisivo também. Ela decide o dia a dia da cooperativa, se vai atuar em que área ou não, se a cooperativa vai continuar com esse contrato ou não, se a cooperativa está tendo algum contrato que está dando muito problema, se vai continuar no contrato ou não... Tem um caráter assim decisivo também" (Ronaldo, cooperativa de serviços gerais).

Esses espaços de discussão e de decisão não são livres de conflitos. Ao contrário — como os trabalhadores não estão submetidos a estruturas hierárquicas silenciadoras, têm direito à palavra e, muitas vezes, têm opiniões discordantes —, muitos debates acalorados foram descritos pelos entrevistados.

Quanto à cooperativa de mão de obra, os entrevistados afirmam que as assembleias não contam com a participação efetiva dos trabalhadores do hospital, pois acontecem em lugar distante, durante o horário de trabalho (essas horas, portanto, seriam descontadas de suas retiradas mensais) e os cooperados não veem muitos motivos para participar desses encontros. Conforme relatou Lídia:

> "[Você fica sabendo como foram as assembleias?] *Como eu te falei, nunca participei, não posso te dizer como funcionam essas assembleias, eu nunca pude ir até lá* [Alguém que trabalha aqui com você já participou?] *Dos funcionários, não. Normalmente, a gestora participa. Ela tem que participar todo mês...* [E ela repassa alguma informação de lá para vocês?] *Pessoalmente, não. Ela deixa sempre no mural o que foi dito na assembleia, coloca no painel, quem tiver interesse vai lá e olha*" (Lídia, auxiliar de enfermagem, cooperativa de mão de obra).

Não encontramos registros de assembleias extraordinárias nem de reuniões de outro tipo na cooperativa de mão de obra, a não ser as assembleias ordinárias. Segundo as atas das duas últimas dessas Assembleias Gerais Ordinárias, que ocorrem anualmente por obrigação legal, participaram em 2005 um total de 168 sócios. No ano anterior, foram 149 os presentes. Em ambas, sócios de outros Estados participaram através de vídeo conferência, mas seu número não foi informado. Também não tivemos acesso ao número exato de cooperados em todo o país, mas se estima que sejam alguns milhares.

É notável que, do que se pode depreender das atas e das entrevistas, essas assembleias caracterizam-se mais por serem um momento de prestação de contas pelos gestores do que de decisões e de voto. As únicas votações referiam-se à escolha das chapas únicas para os conselhos administrativo, fiscal e de educação, que, em ambas as atas a que tivemos acesso, foram eleitas por unanimidade.

Nas conversas mantidas no hospital, soubemos que algumas decisões pontuais e eventuais relativas à cooperativa (e não ao hospital) são objeto de voto, mas votar não faz parte do dia a dia desses cooperados na relação que mantém com sua cooperativa. O mesmo se pode dizer das decisões relativas ao trabalho *dentro* do hospital.

Fica claro que o funcionamento da cooperativa de mão de obra prescinde da participação dos seus sócios e que a autogestão, à qual se referem os documentos da cooperativa, é compreendida por seus gestores como democracia representativa: diferentemente das outras cooperativas estudadas, os trabalhadores da cooperativa de mão de obra só são convidados a decidir sobre quem serão seus representantes, que, a partir desse ponto, assumem completamente as outras decisões e só eventualmente fazem consultas aos outros sócios.

4. Conselheiros, gestores e coordenadores

A autogestão tem diversas formas de manifestação e admite diversos mecanismos para a sua concretização. As eleições de representantes não são um elemento estranho a ela, mas, como sugere Castoriadis (1983), a decisão coletiva deve ter primazia sobre esse tipo de delegação.

A legislação brasileira exige que as cooperativas tenham uma estrutura organizacional que inclui a assembleia, um conselho administrativo, do qual faz parte o presidente da cooperativa, e um conselho fiscal. A assembleia deve ser soberana e a ela devem se subordinar ambos os conselhos. Ao conselho administrativo cabe executar as decisões da assembleia e, ao conselho fiscal, fiscalizar as ações do primeiro.

Configurada desse modo, essa estrutura pode abarcar funcionamentos muito distintos, como vimos acima a propósito das assembleias nas cooperativas estudadas: os representantes podem tanto ser eleitos e terem a eles delegado o pleno direito de governar (como vimos acima a propósito da cooperativa de mão de obra), quanto submeterem permanentemente suas ações às decisões da assembleia (o que faz deles apenas executores das decisões coletivas).

A fala de Adilson, a seguir, revela-nos o modo peculiar como se dá o relacionamento na cooperativa industrial com esses representantes, que "tomam conta" dos assuntos contábeis e "administrativos" (mas não tomam decisões) e, ao mesmo tempo, são "auditados" por todos. Note-se também o aspecto da transparência e a comparação que faz com as empresas convencionais.

> "A gente elege um conselho administrativo e elege um conselho fiscal e esse pessoal que vai tomando conta. <u>Na verdade todo mundo toma conta, mas esse pessoal vai tomando conta e a gente vai auditando</u>. Porque tudo o que tem ali, que o pessoal está fazendo na parte de contas a pagar, contas a receber, esses negócios, quem quiser saber é só ir lá (...) é assim que funciona. Coisa que em uma empresa de CLT você não tem acesso a isso: é totalmente fechado, é só o corpo administrativo que tem acesso — gerente, presidente e tudo mais. A gente como sócio, a gente tem esse direito. Você quer saber hoje como está, quanto faturou, quanto gastou, se eu quiser eu subo lá agora e vejo como que está o negócio" (Adilson, almoxarife, cooperativa industrial).

Além dos conselheiros, há dois outros papéis que surgem das experiências das cooperativas de nossos entrevistados, o gestor e o coordenador.

O gestor, presente na cooperativa de mão de obra, é a pessoa que literalmente faz a ligação entre os cooperados, que passam o dia todo no hospital, e a "administração" da cooperativa. É ele quem representa a cooperativa perante os trabalhadores, quem traz as informações relevantes e quem leva as queixas ou interrogações dos trabalhadores. No caso do hospital estudado, trata-se de uma gestora:

> "Há uma gestora que fica no hospital. Parece que há uma indicação de que ela ficasse lá na cooperativa porque não pode ficar na instituição, algo assim. Mas ela acaba ficando aqui e sendo a ponte que a gente tem com a cooperativa" (Priscila, psicóloga, cooperativa de mão de obra).

Priscila compara a gestora a alguém que representaria o "setor de recursos humanos" da cooperativa dentro do hospital:

> "[Ela interfere aqui no funcionamento do hospital? No dia a dia, nas decisões?] Não. Ela é como se fosse alguém do RH aqui dentro, o RH daqui. E aí ela faz uma ponte, sei lá, leva o quanto que a gente fez de horas, traz os demonstrativos de pagamento, mais isso com relação à cooperativa" (Priscila, psicóloga, cooperativa de mão de obra).

Na cooperativa de serviços gerais, também aparece um papel nomeado como "gestor", mas ele se parece mais como o coordenador que comentaremos abaixo. Os gestores, neste caso, são os representantes, perante os clientes, das equipes formadas para cada um dos contratos assinados pela cooperativa.

Os coordenadores aparecem na cooperativa industrial, segundo os entrevistados, como aqueles trabalhadores que têm como função promover a integração das ações produtivas da fábrica.

O papel do coordenador não é ser chefe dos operários de um determinado setor da fábrica, mas garantir que exista uma pessoa responsável pela área e que a represente perante os clientes, o que é frisado pelo técnico mecânico Eduardo. É interessante notar, contudo, que muitos dos atuais coordenadores ocupavam cargos de chefia antes da empresa transformar-se em cooperativa. Podem ser observadas várias ambiguidades em relação a esse fato, mas, como veremos adiante, a condição de sócio-trabalhador impõe um limite estreito a qualquer tentativa de comando autocrático. Segundo Eduardo:

> *"Nós mantivemos os coordenadores de produção, coordenadores de qualidade, as pessoas que tinham cargos de liderança na época, até para poder fazer a coordenação do trabalho. Não com aquele foco de ser chefe, de ser quem manda, mas de ter um pessoa responsável por cada área, para que possa até representar [a cooperativa] perante o cliente. Nós temos clientes importantes (...) e essas empresas só sabem se relacionar com as estruturas funcionais. (...) ...elas têm preocupação quando sabem que o fornecedor delas é uma cooperativa: eles querem saber se eles vão ser atendidos da mesma forma; eles querem saber, se tiver algum problema, com quem que eles vão falar. Então, o que a gente procurou preservar foi a estrutura funcional: tem os cargos técnicos, tem os cargos de coordenação, de gerência (...) Pode mudar o conselho, pode mudar a diretoria, mas o gerente está lá, é uma pessoa fixa, tem um cargo específico ali. Por quê? Até para manter essa representatividade, ter um certo controle interno e também ter uma representatividade perante os clientes"* (Eduardo, técnico mecânico, cooperativa industrial).

Há sempre um cuidado dos entrevistados dessa cooperativa para que o papel de coordenador não seja confundido com o papel de chefe, o que exige alguns contornos semânticos e várias ressalvas ao se falar das pessoas que ocupam esse papel.

> *"Tem as pessoas, como se fosse... igual uma empresa privada tem as pessoas que comandam ali: 'faz aquele serviço 'x' ali' (...) Não é que sejam chefes, acabei de falar para você, [são eles] que orientam na hora de fazer aquele serviço naquele dia, entendeu? Então, funciona desse jeito. Mas não que seja chefe, que a gente tenha que cumprir ordem deles, isso aí não existe! Porque, se numa empresa privada já é meio chato, imagina numa cooperativa?! Aí, não tem jeito! (...) Ele faz a função dele, nós respeitamos também que tem que fazer aquilo, mas não que ele seja chefe. Não precisa também de chefe. Um chefe para nós não seria legal. Já que é uma cooperativa, todo mundo divide... quando é, no caso, sobre o trabalho, cada um fica na sua função. Mas, quando é para outras coisa, sei lá, acontece divergência, aí, (...) [cada um] vai ter sua opinião normal como cooperado. Mas sobre o chefe, não tem por causa disso mesmo. Ele já tem, por exemplo, ele passa o serviço para nós, passa já justamente assim: é tipo para organizar mesmo, mais organização. Mas não que ele seja um chefe. Chefe para mim é aquele mandão, aquele lá para nós não existe! [Não precisa, né?] Para nós não precisa não. Tem um em cada função, em cada setor. Cada setor*

tem. Ele é responsável por aquele setor e ele é responsável pelo setor como uma empresa qualquer: aconteceu um problema ali, aí [ele] vai lá e resolve. Igual, se não tiver aquele responsável daquele setor, igual o que eu acabei de falar: aí vira bagunça, não vira? Aí não tem jeito!" (Carlos, operador de injetora, cooperativa industrial).

Ainda com relação ao papel de coordenador, um aspecto importante que merece ser apontado é a comparação feita por Eduardo entre a cooperativa industrial e as cooperativas populares de produção artesanal. Ele considera que o conhecimento técnico especializado exigido pelas características da produção de sua cooperativa torna a autogestão, compreendida por ele como decisão coletiva, mais complexa, exigindo o parecer de especialistas. Mas não especialistas em gestão.

"Porque, a nossa cooperativa, ela tem um foco que algumas poucas outras cooperativas têm, que é um foco mais tecnológico, um foco bastante empresarial. Ela não pode, por exemplo, ter o mesmo funcionamento de uma cooperativa de costureiras, de catadores de lixo, é bem diferente. Lá também tem conselho, mas lá é diferente a gestão, lá você não necessariamente tem que ter coordenadores de área, pessoas com conhecimento mais profundo. Agora, numa cooperativa que você trabalha com produto que tem um certo valor agregado, que tem uma tecnologia de processo por trás, então você tem que manter uma estrutura funcional razoável, porque, se você deixar tudo para o conselho, para os órgãos administrativos da cooperativa, para os órgãos eletivos, que são renovados e tal, seria um risco muito grande. Então, o que o conselho acaba fazendo? Ele acaba cuidando mais das decisões não operacionais, decisões, não de processo em si, e sim decisões de negócio: 'bom, vamos crescer, não vamos crescer, vamos investir, não vamos investir'. Ele faz o papel mesmo de administração, mas sem interferir, vamos dizer, na produção. Produção, qualidade, isso funciona independente do conselho (...) Porque o conselho não consegue determinar por si só se tem que comprar uma máquina ou não tem que comprar uma máquina. Agora, o pessoal da área técnica faz os estudos, faz os cálculos, levantamentos e fala: 'bom, pela carga-máquina, pela necessidade' ou 'por uma questão de ter que melhorar o recurso tecnológico, essa máquina aqui já não atende mais, ela está muito velha, está muito desgastada, tem que pôr uma máquina nova no lugar'. Então, esse pessoal da estrutura funcional vai relatar essa necessidade e a aprovação vai passar pelo conselho e, dependendo do caso, pela assembleia. Investimentos são sempre aprovados em assembleia, assembleia com todos os cooperados" (Eduardo, técnico mecânico, cooperativa industrial).

Albert (2004) discute o papel do especialista em situações democráticas de decisão coletiva. Segundo o autor, a tarefa do especialista não é decidir pelo grupo, mas fornecer as informações necessárias para que o grupo decida.

Uma autoridade de saber, aquela que é respeitada pelos conhecimentos que tem, não pode ser confundida com uma autoridade de poder, isto é, aquela que dispõe de meios de controle e de coerção sobre o grupo. A questão é saber se, no comentário de Eduardo, não se está separando novamente a gestão da produção.

5. Chefes, patrões e empregados

Mesmo que os coordenadores, na cooperativa industrial, sejam figuras ambíguas em alguns aspectos, não é possível tomá-los como "chefes" propriamente ditos por, pelo menos, uma razão crucial: eles não têm o poder de demitir. Isso faz dessa cooperativa em transição um caso surpreendente, pois revela como as mudanças na estrutura da vida de seus trabalhadores fazem com que, por essa impossibilidade concreta de serem demitidos por alguém que ainda faz lembrar alguma autoridade do passado, essa autoridade seja deslegitimada.

Por essa condição, situações peculiares tomam lugar na cooperativa. Segundo relatam Garcia, Frascareli, Almeida e Mochel (2005), por exemplo, um cooperado dessa empresa — ex-chefe e atualmente coordenador — contou sobre a dificuldade que tem em algumas situações para exercer seu papel. Segundo esse coordenador, os trabalhadores muitas vezes questionam suas solicitações e, nesses momentos, alegam também serem donos da cooperativa e terem o mesmo poder de decisão do que ele.

Adilson descreve sua experiência em relação a esse tipo de confronto, o que ele nomeia como "liberdade de expressão" em relação aos coordenadores e aos outros sócios:

> "[Você falou que você pode falar se você não concorda, falou que às vezes quebra o pau aqui dentro...] *É, eu quebro o pau! Por quê? Porque aquilo que eu não concordo eu falo. Já num caso de CLTista você já não pode falar, porque de repente, vamos supor, você tem um supervisor seu, você não concorda com o que ele está fazendo, você não pode falar, porque o máximo que você pode é comunicar: 'Não, eu acho que não está certo por causa disso e daquilo', mas você tem um jeito formal de fazer isso e já como um cooperado não, você já vai para o argumento logo: 'Não concordo, pá!' É assim mesmo! Aí, isso que eu acho vantajoso, você tem a liberdade de expressão. Se você não tiver coragem, você tem liberdade de expressão e não precisa ter medo, porque não vai te acontecer nada*" (Adilson, almoxarife, cooperativa industrial).

Se não há, como na empresa convencional, um outro personificado a dar ordens e a exercer seu poder através da ameaça de demissão, existe, no entanto, a coerção do mercado. A esse respeito comenta Adilson:

> "*Então, quer dizer, você trabalha mais tranquilo, porém a sua preocupação é com o mercado, em manter o cliente e tudo mais. Essa é sua preocupação! Mas, em questão de você trabalhar com medo de ser mandado embora, isso não existe em uma cooperativa*" (Adilson, almoxarife, cooperativa industrial).

Nas cooperativas populares estudadas, o chefe é uma figura exorcizada na maioria das vezes, remetendo a experiências anteriores de trabalho e gerando afirmações convictas sobre sua inexistência nas cooperativas. No entanto, nas queixas de alguns cooperados em relação a outros sócios de suas respectivas cooperativas, essa figura aparece de modo peculiar. Elisabete, de uma das cooperativas de alimentação, afirma o seguinte:

> "*Tem muitos aqui que não aceitam ainda não ter patrão, acham que tem que ter patrão para estar ali mandando e você ficar cobrando o dinheiro, ficar falando: 'eu quero dinheiro'!*" (Elisabete, cooperativa de alimentação).

Note-se que o que aparece aqui não é a presença de um chefe ou patrão, mas a sua ausência na cooperativa de Elisabete e as vicissitudes da inserção de seus sócios em um contexto autogerido.

Ao contrário da cooperativa industrial, a cooperativa de mão de obra, pelo arranjo que a caracteriza, vê seus conselheiros e gestores convertidos em chefes em função do poder que têm de desligar um cooperado dos clientes, os hospitais, onde presta serviços. Priscila fala da sensação que essa circunstância lhe produz:

> "*Tanto é que a sensação é de que eles são o chefe, aquele que pode demitir e aquele que paga*" (Priscila, psicóloga, cooperativa de mão de obra).

Os efeitos de uma autoridade exterior também se fazem sentir nas relações no hospital por meio de seus donos e das chefias. Rosemeire reflete sobre a contradição entre sua suposta condição de trabalhadora autônoma e essas figuras de poder:

> "*É que, assim, às vezes eu falo que, ao mesmo tempo a gente tem essa autonomia, mas a gente tem o nosso patrão, na verdade, o nosso chefe, né?*" (Rosemeire, terapeuta ocupacional, cooperativa de mão de obra).

Em consonância com Rosemeire, Priscila afirma que a cooperativa e a direção do hospital estabelecem com ela relações que a fazem estar submetida a dois chefes:

> "*Eu acho que as pessoas acabam tendo um outro chefe, sabe? Tendo dois, na verdade! Tendo o daqui e tendo a cooperativa. Não fica uma coisa apropriada. Eu sinto assim, acho que não tem muito para falar de como funciona lá, a não ser esse jeito como eu vivencio a relação com a cooperativa (...) E, assim, na verdade, a gente tem — eu não sei se é essa coisa de funcionário e seu patrão —, mas a gente tem uma vivência com relação à cooperativa que é de que se você não ficar esperto, você vai ser passado para trás, entendeu? (...) Parece que você tem que correr atrás para conseguir fazer seu direito valer. Porque eles vão... parece que criando um monte de confusões e que acabam prejudicando: as pessoas têm que voltar lá antes do tempo, muitas vezes não recebem o valor integral que teriam que receber...* (Priscila, psicóloga, cooperativa de mão de obra).

E por isso ela se sente como uma funcionária ao comentar de sua relação com a cooperativa e com o hospital, na sequência de uma citação já feita acima:

> "*Mas a cooperativa fica muito de fora, muito distante do nosso dia a dia, tanto é que eu não me sinto cooperativa, sabe? <u>Eu sou como se fosse funcionária,</u>*

<u>não me sinto fazendo parte das decisões</u>" (Priscila, psicóloga, cooperativa de mão de obra).

Caio, da mesma cooperativa, aponta como é a relação com as chefias no hospital e a forma como os cooperados, na condição de funcionários, são avaliados e "dispensados" (a rigor não se pode falar em "demissão", pois nunca chegaram a ser "contratados"):

> "*Não tenho muito o que falar deles, porque eu não tive contato diretamente, mas são só opiniões que eu mais ou menos pude entender deles lá da cooperativa.* [E aqui, como é o contato que você tem, como eles conhecem o seu trabalho?] *É através das chefias de enfermagem, às vezes é reconhecimento do nosso trabalho. Se você é um profissional que falta, não dá justificativa, você é desligado da cooperativa por alguns motivos, entendeu, da chefia, do hospital... Se você é um profissional bom, assim, tipo, que não falta, que não chega atrasado, que não tem aquela falta frequente, é um bom profissional, eu acho que influencia também a gestora da cooperativa*" (Caio, auxiliar de enfermagem, cooperativa de mão de obra).

E a confusão se instaura ainda mais quando a mesma pessoa responsável pelos cooperados também é responsável pelos trabalhadores assalariados:

> "*Em primeiro lugar, nosso vínculo é com a gestora, eu tenho que responder a uma gestora. E ao departamento pessoal, no caso de quem é CLT. E a mesma pessoa que toma conta do CLT é a pessoa que toma conta da cooperativa, da gente. Aí, a gente vai ter a hierarquia, a gente responde para a enfermeira, no caso, também são cooperadas, os únicos CLT aqui dentro são o pessoal da limpeza e o pessoal da cozinha, se não me engano, e lavanderia. O restante, a área de saúde, todos são cooperativa*" (Lídia, auxiliar de enfermagem, cooperativa de mão de obra).

Rosemeire, mais uma vez, sente-se confusa em relação, por um lado, ao discurso de que na cooperativa todos são iguais e, por outro, à constatação da hierarquia no hospital:

> "*O que me fica a dúvida é essa de ser todo mundo... assim: 'ninguém é superior a ninguém', 'aqui todo mundo é autônomo', 'todo mundo trabalha igual'. Isso que eu acho que não é bem assim, né! (...) Pelo o que eu entendi, a pessoa é autônoma. Então, o que dá a entender que não tem... assim, aqui é todo mundo igual, como se fosse assim, né? Que aqui não é empregado e patrão, que todo mundo luta pelo mesmo objetivo. Não sei, ainda fica um pouquinho confuso isso para mim... porque aqui eu vejo que é um pouquinho diferente: aqui tem o superior, tem o dono do hospital, tudo, que a gente trabalha para eles, né? Mas, assim, tem essa de ser um trabalho autônomo e tem os benefícios, que também a gente não tem. Mas, por exemplo, uma questão boa que eu vejo aqui é que o <u>salário</u> nunca está atrasado*" (Rosemeire, terapeuta ocupacional, cooperativa de mão de obra).

6. Sócios-trabalhadores ou trabalhadores autônomos?

Mesmo sendo vivida como contradição por Rosemeire, a condição de "trabalhador autônomo" sintetiza a inserção dos trabalhadores da cooperativa de mão de obra no hospital em que atuam e contrasta fortemente com as formas de inserção descritas pelos entrevistados das outras cooperativas. Isso pode ser notado, por exemplo, no modo como os cooperados costumam se apresentar ao falar de seu lugar no trabalho.

A rigor, todos os nossos entrevistados são sócios de suas cooperativas e os trabalhadores da cooperativa de mão de obra não poderiam ser considerados trabalhadores autônomos, pois não são contratados desse modo pelo hospital. No entanto, na comparação entre as relações de trabalho estabelecidas no dia a dia dessas cooperativas, ser "sócio" e ser "autônomo" apresentam-se como os papéis efetivamente desempenhados pelos trabalhadores.

Os trabalhadores das cooperativas populares e da cooperativa industrial apresentam-se sempre como sócios de seus empreendimentos; também não é incomum referirem-se como "donos" de suas cooperativas. Sócios ou donos, suas falas sempre fazem lembrar que a cooperativa é algo que lhes pertence e que compartilham com os outros cooperados.

Por sua vez, os trabalhadores da cooperativa de mão de obra apresentam-se quase sempre como "autônomos" e outras vezes como "funcionários"; muito raramente fazem referência ao fato de serem sócios de um negócio em comum. Afinal, desde sua entrada na cooperativa de mão de obra, esses trabalhadores são informados que sua condição é equivalente à do trabalhador autônomo. Isso serve especialmente para enfatizar que eles não têm vínculo empregatício nem com a cooperativa nem com o tomador de serviços. Lídia relata isso ao contar sobre sua entrada na cooperativa:

> *"Eles fazem você assistir uma palestra, você participa para saber quais são os direitos numa cooperativa — que não são muitos a nosso favor... — e explicam um pouco o que é um sistema de cooperativismo (...) <u>Em primeiro lugar, eles deixam bem claro que você não tem nenhum vínculo empregatício com eles, você trabalha como autônomo</u>. E, sendo autônomo, você não tem direito a fundo de garantia, décimo terceiro, férias, nenhum dos outros benefícios que um CLT teria. Benefícios como vale-transporte, cesta básica, licença médica, você não tem direito. A não ser que você queira, aí paga por fora e eles descontam da sua folha de pagamento porque você está pagando"* (Lídia, auxiliar de enfermagem, cooperativa de mão de obra).

A ênfase na inexistência de vínculo empregatício entre a cooperativa e seus sócios, que figura nos documentos da cooperativa de mão de obra como um de seus princípios, chama muito a atenção. Ela demonstra que alguma confusão existe entre o cooperado e o trabalhador assalariado e explicita a preocupação que têm os gestores dessa cooperativa com a ameaça de serem processados pelos seus próprios sócios. Ainda mais se considerarmos que, ao compararem sua atividade com a de trabalhadores assalariados em outros hospitais, os cooperados só veem diferenças no que se refere à ausência de direitos trabalhistas.

É interessante notar também, no que diz respeito às queixas dos trabalhadores da cooperativa de mão de obra relativas à falta de benefícios e de direitos típicos dos assalariados, que esses temas nunca são apontados como objeto de decisão coletiva. Isto é, em momento algum os quatro entrevistados e as outras pessoas com quem conversamos no hospital referem-se aos "benefícios" como uma demanda que poderia ser debatida em uma assembleia geral, por exemplo. É como se o funcionamento da cooperativa, suas regras e seu estatuto não dependessem de sua deliberação, pois já estavam prontos quando chegaram e foram feitos por outros que não eles próprios.

Na condição de sócio-trabalhador, ao contrário, mesmo a diminuição eventual de uma retirada mensal não é vivida como perda ou precarização do trabalho, mas como parte dessa condição, que inclui também a divisão dos resultados positivos no final do ano.

> "Não é o caso da empresa comum, que é uma empresa de CLT, que a empresa, indo bem ou não, o funcionário tem que receber aquilo. No nosso caso, pelo menos eu, da minha parte, já estou consciente que se não for bem, tiver que diminuir [a retirada], eu já estou preparado para isso. Certo? Porque a gente é que gere o negócio. A gente é dono, então é dono!" (Adilson, almoxarife, cooperativa industrial).

7. Entre o "casamento" e o descompromisso

No que diz respeito aos vínculos existentes entre os cooperados e suas cooperativas, que têm como base as condições de "sócio" ou de "autônomo" descritas acima, encontramos vivências diferentes, muitas vezes opostas e fortemente tematizadas.

Entre os cooperados da cooperativa industrial e aqueles das cooperativas populares predomina, como vimos acima, a compreensão de que são "donos" dos empreendimentos em que trabalham. Isso aparece nos momentos em que designam seus lugares ou os papéis que desempenham.

Prevalece, assim, a ideia de terem entre si algo em comum, algo em que são parceiros e sócios.

Deriva dessa vivência uma série de características do trabalho nessas cooperativas que podem ser depreendidas da fala de Adilson abaixo:

> "[E o que você acha que é bom, e o que você acha que é ruim de mudar para uma cooperativa? Quais são as vantagens e as desvantagens?] *As vantagens de ser um cooperado é que você tem total liberdade para trabalhar, você não trabalha sob pressão. Para mim essa é a melhor vantagem. E em questão de salário você nunca fica abaixo da média de um CLTista, a não ser por razão de mercado. Porque... o que acontece? Se eu como almoxarife, se a gente tem aqui um comum acordo de estar trabalhando de acordo com a faixa salarial de um*

CLTista, eu não posso ganhar abaixo disso. Então, essas vantagens que eu acho. E uma total liberdade de expressão também que você tem, se você não concorda, você fala. Que é o meu caso, o que eu não concordo, eu quebro o pau aqui direto. Então, se eu não concordo eu falo e a gente discute, discute até chegar num consenso de acertar o negócio. E já numa empresa de CLT você não tem essa liberdade. Por quê? Porque se você falar alguma coisa que for contra, você vai para a rua. E aqui não tem isso, para você ir para a rua, você tem que cometer um erro muito grave e se passar por uma assembleia e todo mundo falar: 'esse cara não serve; você vai embora'. (...) Então, para mim isso é o que mais pega em questão de ser um cooperado. Porque você fica com medo do mercado e não de ser mandado... ter um patrão para te mandar embora. Então, só de você estar trabalhando assim, nessa questão é gratificante e é tranquilo, porque você vai para casa de cabeça fria. Se as coisas estão indo tudo bem, o mercado vai bem, você está atendendo um cliente, você está conseguindo fazer caixa para estar pagando os fornecedores, é bom nessa questão. Só que é uma coisa que no CLTista você não tem isso: você só trabalha! Se você fez bem ou não, está ali e tem alguém para te avaliar, se você não for bem você vai para a rua. Essa é a diferença. Eu vejo no ponto de vista de diferença e em comum, de bom para uma cooperativa, de ser um cooperado é isso, é a liberdade de trabalho. Você tem uma liberdade de trabalho que não tem ninguém no seu pé te enchendo o saco, a partir do momento que você está fazendo o seu e está se comunicando com todo o mundo e passando o que você está fazendo, você está trocando experiência com o pessoal, você não tem problema dentro da empresa, trabalha normal, sem medo, sem nada" (Adilson, almoxarife, cooperativa industrial).

Na cooperativa industrial, em particular, condições como a dificuldade de expulsão de um membro e a necessidade de resolução de conflitos para garantir o bom desempenho do empreendimento fazem com que a relação entre sócios seja nomeada em vários momentos como um "casamento". A relação entre sócios é referida assim especialmente para designar um tipo de vínculo que é ao mesmo tempo estável, mas não livre de conflitos. A comparação também nos é fornecida por Adilson:

"Sempre tem um que às vezes não vai com a cara da gente, de uma determinada pessoa, mas a gente procura manter pelo menos as aparências. É como um relacionamento de marido e mulher, às vezes se está vendo que não vai e fica mantendo a aparência. A mesma coisa numa cooperativa, a sociedade, a gente é obrigado a conviver com aquilo que a gente não gosta e tentar viver da melhor forma possível, sem briga, a gente tenta levar do jeito que dá... (...) que nem marido e mulher: você briga num dia, no outro dia você tem que fazer as pazes. Porque, na realidade, nós estamos num negócio, nós temos que tocar esse negócio. Não são nossas diferenças pessoais que vão fazer o negócio afundar. Então, às vezes a gente tem que saber lidar com isso, que é difícil. Você tem a diferença pessoal, mas você tem o negócio além disso. Então, você tem que objetivar o negócio e passar por cima dessas questões embaçadas" (Adilson, almoxarife, cooperativa industrial).

Ou em outro momento:

> *"Tem as brigas, mas está bom. Tem as brigas, mas se em um casamento tem, imagina aqui com a parte de sócios o que vai ter..."* (Adilson, almoxarife, cooperativa industrial).

Nas cooperativas populares também aparece a ideia de ligação forte entre os sócios e de sua interdependência, embora essa relação não tenha sido nomeada como um "casamento".

Por sua vez, os trabalhadores da cooperativa de mão de obra, como também já vimos, apresentam-se como trabalhadores "autônomos". Eles são autônomos porque não estão ligados ao hospital pelo vínculo empregatício e porque pagam alguns impostos típicos de trabalhadores autônomos, como a previdência social, por exemplo.

Mas também são "autônomos" porque não reconhecem seus destinos como vinculados aos dos outros sócios da cooperativa. São autônomos, em um certo sentido, porque estão sozinhos, *cada um* por sua própria conta.

Na condição de "autônomo", a não existência de vínculo empregatício com a cooperativa e com a tomadora de serviços faz da ligação com o hospital um laço muito tênue. Como afirma Lídia:

> *"[Mas o que você ficou sabendo sobre como funcionava o cooperativismo?] Então, é o que eu te falei: você é autônomo, trabalha por conta própria, não tem vínculo com eles. Se o hospital me dispensar e falar 'não quero mais o seu serviço a partir de hoje', eu retorno para a cooperativa. Porque eu não me desligo da cooperativa e sim do hospital para quem eu presto serviço. E depois eles vão me encaminhar para um outro local, só que é difícil..."* (Lídia, auxiliar de enfermagem, cooperativa de mão de obra).

Se o tomador de serviços pode demiti-la quando quiser, ela, por sua vez, também pode sair do hospital a qualquer momento. A vivência que Lídia tem de seu trabalho no hospital e de sua associação à cooperativa é caracterizada por esse duplo descompromisso:

> *"Se está me agradando, eu fico, se não está me agradando também, eu pego e vou embora, como muita gente faz (...) nem dá uma satisfação: não vem mais a partir de amanhã. [Porque não tem um contrato de...] Não tem nada que te prenda e nada que nos prenda a eles também. Isso eu digo, com os hospitais. Mas se eu quiser me desligar da cooperativa, simplesmente eu chego lá e falo 'olha, eu, a partir de hoje, não quero mais ser sócio-cooperado de vocês' e eles me devolvem a cota-parte (...) eu me desligo da cooperativa e eu não tenho mais vínculo nenhum com ela"* (Lídia, auxiliar de enfermagem, cooperativa de mão de obra).

Não há nada que a prenda ao hospital e vive-versa. O mesmo em relação à cooperativa. No entanto, a separação parece ser mais difícil para ela do que para o hospital:

> "Se o hospital não estiver mais contente como meu serviço, ele vai pedir para eu não vir mais, eu retorno para a cooperativa e lá eles tentam me arrumar um outro campo de trabalho, o que não é muito fácil também... A gente pede recolocação constantemente para outros locais e eles usam a mesma coisa: que não tem experiência ou só tem experiência em tal coisa, então, não tem campo para você, aí você tem também que pagar taxa para ir se cadastrando na cooperativa" (Lídia, auxiliar de enfermagem, cooperativa de mão de obra).

Desse descompromisso deriva, por exemplo, o pouco envolvimento de Priscila com a mesma cooperativa:

> "Mas eu nunca fui em assembleia nenhuma, sabe, não tenho vínculo com a cooperativa. O meu vínculo é esse, de receber por eles e pagar para eles, sabe, é financeiro. Não é um lugar onde eu recorro para me auxiliar, enfim. É mais a M., que é a gestora, mas muito em funções do quanto vai receber, das coisas, por exemplo... há um ano atrás, a gente teve que começar a pagar onze por cento do nosso salário para o INSS, previdência social. [Vocês não pagavam antes?] Não. Aí fomos obrigados a pagar, é uma lei e tal, acho que federal. E aí esse vínculo com a cooperativa aparece. A gestora vem aqui numa reunião nossa para explicar o porquê disso, mas no dia a dia não tem esse vínculo não" (Priscila, psicóloga, cooperativa de mão de obra).

Do mesmo modo, as formas de reivindicação de que lançam mão os trabalhadores do hospital são muito semelhantes àquelas adotadas por trabalhadores assalariados, onde as práticas de resistência têm que se haver com um poder exterior, a heterogestão do hospital e da própria cooperativa. As coisas não se passam como em "vamos nos reunir para decidir como resolver ou como mudar isso", mas "precisamos exigir que *eles* mudem essas coisas".

E, no fim das contas, a cooperativa representa para Priscila apenas um conjunto de obrigações de ordem econômica que apenas lhe garante a possibilidade de trabalhar no hospital. Para ela, a cooperativa resume-se a taxas que periodicamente é obrigada a pagar. Ao relatar sua primeira passagem pela cooperativa, afirma:

> "Olha, eu não lembro exatamente o que foi, mas o que ficou para mim daquela reunião — eu e mais outras pessoas, não só pessoas que estavam entrando aqui, mas de outros lugares também —, o que me marcou foi: taxas! Foi isso que ficou na minha cabeça, o que eu teria que pagar, quais eram as minhas obrigações para com aquela cooperativa" (Priscila, psicóloga, cooperativa de mão de obra).

E em outro momento da entrevista:

> "Para mim, ficou mesmo a coisa do dinheiro, que tem que pagar o DIT[20], tem que pagar sei lá mais o quê, sei lá mais o quê, várias coisas. Então, eu saí meio

---

(20) Diária por Incapacidade Temporária.

assim: 'nossa, estou sendo lesada!'. Minha sensação de quando eu saí de lá era essa, estou sendo lesada, eu vou trabalhar para ganhar isso e disso, esse tanto vai ser tirado" (Priscila, psicóloga, cooperativa de mão de obra).

Os sócios acabam se tornando apenas uma espécie de "clientes" da cooperativa, a qual lhes presta um serviço, a intermediação de mão de obra, mediante o pagamento de taxas.

8. Autonomia e responsabilidades

A ideia de autonomia aparece nas falas de vários entrevistados. Embora sua presença e uso sejam comuns, seu sentido varia sensivelmente em função do contexto a partir do qual se fala.

Na cooperativa de mão de obra, a ideia de autonomia aparece, como vimos acima, quando se define o cooperado como um "trabalhador autônomo" (expressão tomada de empréstimo da categoria presente na legislação e de uso corrente) e serve basicamente para não deixar dúvidas quanto ao fato de o cooperado não ter vínculo com a empresa que o contrata através da cooperativa da qual é sócio.

A autonomia, nesse uso, designa uma espécie de "cada um por si", pois seu sentido refere-se mais à falta de vínculo entre o cooperado e a empresa contratante do que a alguma possibilidade de determinar e influenciar o próprio trabalho. Nesse "cada um por si" — que, vale dizer, descarta qualquer apreço pela cooperação —, a autonomia é um solitário desamparo.

No caso das cooperativas populares e da cooperativa industrial, a autonomia gira em torno de ideias como "não ter patrão", "ser dono do próprio negócio", "não depender de patrão", "participar das decisões". Autonomia *não* significa "não ter vínculos", mas sim "não ser subordinado a alguém".

Em complemento a isso, a autonomia é sempre compreendida como autonomia com outros, autonomia do grupo ou em grupo, portanto, não denota o solipsismo encontrado na cooperativa de mão de obra, mas, ao contrário, aponta para a interdependência entre os cooperados.

Todos os entrevistados, de algum modo, também relatam alterações no tipo de responsabilidades que passaram a assumir depois que começaram a trabalhar em suas respectivas cooperativas.

Esses relatos falam de um aumento das responsabilidades que recaem sobre cada trabalhador e também tecem comparações com o que ocorre no trabalho assalariado. No entanto, o tipo de responsabilidade também varia segundo a cooperativa a que pertencem os depoentes.

Na cooperativa de mão de obra, o aumento das responsabilidades aparece de forma indireta ao longo dos depoimentos. Não se trata, nesse caso, da responsabilidade pelo empreendimento ou da responsabilidade diante dos outros sócios, mas das responsabilidades que cada um é forçado a assumir diante da precariedade de seu vínculo de trabalho. Condição semelhante à que descreve Sennett (1999) em *A corrosão do caráter* ou à ideia do "indivíduo empresa", responsável exclusivo pela sua própria carreira e permanência no trabalho.

Algo bem diferente é relatado pelos cooperados dos outros empreendimentos. Tanto nas cooperativas populares quanto na cooperativa industrial o que se encontram são referências às responsabilidades de cada um para o sucesso do empreendimento e perante os outros sócios.

Entre os trabalhadores da cooperativa industrial é clara a percepção que têm da responsabilidade pela prosperidade do empreendimento. Segundo Adilson:

> "... *você tem responsabilidade, você responde pelos seus atos hoje na cooperativa. E antigamente você, como empregado, não respondia; quem respondia era o patrão, o encarregado. Hoje você tem uma função. Então, o processo de passagem dessa questão de empregado para patrão, que foi no caso de uma empresa para virar cooperativa, no começo foi ruim, porque a gente não entendia nada do negócio, hoje está bom*" (Adilson, almoxarife, cooperativa industrial).

Ou, ainda, segundo Carlos:

> "[Quais são as diferenças que você vê entre uma cooperativa e uma empresa "tradicional"?] *A diferença que eu acho é que tem que ter mais responsabilidade do cooperado do que, por exemplo, na empresa privada. (...) Antes de eu ser um cooperado, não tinha essa experiência, a gente vê muitos casos que a pessoa não se dedica mesmo. Só se preocupa quando, no caso, está tudo certo sobre, assim, os pagamentos, as coisa que tem que receber, os benefício, tal, e às vezes deixando muito a desejar em certas coisas. E numa cooperativa você tem que ter a responsabilidade, seja na época boa, na época ruim, você tem que ficar ali com a cabeça sempre pensando no melhor. E na empresa privada (...) — o ser humano tem esse lado, infelizmente é a realidade —, enquanto está recebendo, está pagando, está bom. (...) Uma empresa cooperativa não, você tem que ficar por dentro de tudo, qualquer época, você tem que ficar atento. Se você quer o seu próprio negócio, você não pode nunca... É igual o comércio seu: você tem um comércio seu, você não vai deixar abandonado, seja época ruim, você tem que ficar sempre atento*" (Carlos, operador de injetora, cooperativa industrial).

A responsabilidade na cooperativa também é algo que implica em dependência em relação aos outros, pois cada um responde às cobranças feitas pelo grupo. Isso está presente tanto na cooperativa industrial, quanto nas cooperativas populares. Ronaldo, da cooperativa de serviços gerais, afirma o seguinte:

> "*O legal da cooperativa é isso, que não tem uma pessoa que manda em você, que é chefe, você sabe dos seus compromissos, tem seus interesses, você tem que*

arcar com os seus compromissos. Se não arcar, você que tem que pagar por isso; cooperativa tem um regimento interno: a pessoa tem que cumprir esse regimento interno. Não é assim: 'porque ela é dona do seu próprio serviço ela vai fazer o que bem entende', 'hoje eu vou ficar aqui, já que eu não tenho chefe hoje eu não vou trabalhar, os outros trabalham por mim'. Não é bem assim... ela tem os compromissos também junto com todo mundo e tem que trabalhar. Se não trabalhar, vai ser cobrada por isso pelo regimento interno, por isso tem o gestor e tem a administração. Mas, assim, sem chefe" (Ronaldo, cooperativa de serviços gerais).

Algo semelhante é apontado por Adilson, da cooperativa industrial:

"Eu estava acostumado ali naquele cabresto, que você vai trabalhando ali... Se quebrar uma máquina, quem responde é o encarregado, você não está nem aí. Você simplesmente entra na empresa para cumprir o horário e fazer alguma coisa. E já na cooperativa é diferente, não dá só para você cumprir horário, porque você tem cobrança de todo lado. Mas, por um lado é bom também" (Adilson, almoxarife, cooperativa industrial).

Por estar em uma cooperativa, Adilson assume-se como um trabalhador polivalente, pois considera que deve fazer tudo o que estiver ao seu alcance para garantir que a cooperativa prospere. Sua responsabilidade implica em assumir mais funções que aquelas que tinha quando era empregado. Relata também que passou a gostar mais de seu trabalho, por não ficar mais, em suas palavras, "encostado":

"Porque, se fosse numa empresa comum, ou eu seria almoxarifado ou recebimento, mas como é cooperativa a gente tem que se desdobrar em dois, porque... hoje eu sou almoxarifado e recebimento e, de repente, se precisar, tem que ser de outro setor. Então, o meu trabalho é esse, é estar preenchendo, às vezes, até buraco de onde está faltando gente, de acordo com o que eu sei fazer. Então, eu sou... acho que é 'polivalente' que se fala, a pessoa que faz tudo. Eu estou nessa posição. E, como um almoxarife, meu trabalho é bom: é um trabalho que eu lido com gente o dia inteiro porque é toda hora tem 'nego' buscando coisa lá, eu recebo mercadoria toda hora. Esse é meu trabalho. De certa forma é um trabalho bom. É, eu gosto. Eu aprendi a gostar. Não gostava muito não, porque antes o meu trabalho era uma coisinha só simples, que eu fazia lá e já era. Agora faço uma pá de coisa e isso me ajuda também até a desenvolver, porque eu era meio parado, já estou mais agitado, corro para lá, corro para cá. Para mim está bom" (Adilson, almoxarife, cooperativa industrial).

Eduardo, da mesma cooperativa, também diz algo semelhante:

"Cada um tem algumas funções específicas, mas na prática a gente tem que trabalhar bem em conjunto, não tem decisões assim muito isoladas. E se, por ventura, há, elas acabam também não indo para frente. Cooperativa tem muito

> *do trabalho coletivo. Até tem sempre aqueles que acabam se sobressaindo, ou acabam querendo se sobressair, mas em algum momento isso é questionado, isso é colocado em xeque ou muda-se o rumo das coisas"* (Eduardo, técnico mecânico, cooperativa industrial).

Nos trechos de falas citados acima, além do que já foi apontado, também aparecem alusões a um duplo posicionamento dos trabalhadores, ora portando-se como proprietários da cooperativa, ora como empregados. Eduardo analisa esse fenômeno:

> *"Quando a pessoa não entende o contexto que ela está inserida, ela passa a fazer algumas exigências ou a ter alguns anseios que não podem ser correspondidos, não fazem nenhum sentido. Existe um certo antagonismo: num momento o trabalhador — o cooperado — quer ser funcionário, na hora da responsabilidade do trabalho, ele quer ser funcionário; mas na hora de distribuir lucro, na hora de discutir a parte da administração da cooperativa, mas mais voltada para a parte dos resultados, ele quer ser dono! Então, existe uma certa incoerência, você não pode, como cooperado, numa hora se comportar como empregado, na outra hora querer ser dono. Tem que ser dono o tempo todo, para o bom e para o ruim. Isso a gente tem ainda. Mas acredito que o aprofundamento desse processo de formação melhora isso"* (Eduardo, técnico mecânico, cooperativa industrial).

Tanto na fala de Eduardo, quanto nas outras acima, o posicionamento como "funcionário" ou "empregado" é aquele no qual *não* se assumem todas as responsabilidades pelo empreendimento, o que permite ao trabalhador ser, nas palavras dos entrevistados, *"não dedicado", "encostado"* e apenas se preocupar com o dinheiro que recebe no final do mês. Ao contrário, ser "dono" ou "patrão" implica em assumir diversas responsabilidades, "responder" por elas integralmente, pois não há outro que o faça no lugar dos cooperados.

Podemos considerar que a exigência de que se assumam essas responsabilidades integralmente aponta para o fato de serem esses trabalhadores os verdadeiros responsáveis pela gestão de seu negócio. Pode ser que nem todos assumam de fato ou totalmente essa postura, mas, como um grupo autônomo, não há outra alternativa que não assumir essas inevitáveis responsabilidades, sob o risco de verem seu negócio perecer. Isso é o que constitui o caráter próprio da autonomia e, a esse respeito, são muito esclarecedoras as palavras de Esteves (2004) quando discute a consciência dos cooperados de uma cooperativa industrial em relação aos riscos e às responsabilidades de serem sócios-trabalhadores em um empreendimento cooperativo:

> "A consciência desse risco (de ganho ou de perda) e dessa responsabilidade (pelo trabalho e pela cooperativa) parece ser atributo inerente à condição societária de sócio-trabalhador, com as contradições que essa condição carrega, da liberdade no trabalho à penosidade no trabalho, advinda da

preocupação cotidiana com este risco. Contudo, esta condição está muito próxima à condição humana da adultidade, que é a responsabilidade pessoal e autônoma pela manutenção da própria vida (e dos dependentes), que também é geradora de angústias e crises profundas. A diferença maior, entretanto, é que esta condição, na cooperativa, é vivida coletivamente, sendo todos co-responsáveis pelo destino de todos, através da reprodução social e econômica da cooperativa no tempo, o que também encontra semelhanças na condição de adultidade entre casais, ou em famílias que são estruturadas de forma em que vários de seus membros contribuem para sua reprodução" (p. 153).

9. Entre o repúdio à subordinação e a segurança relativa da CLT

A maioria dos cooperados entrevistados faz alusões ao trabalho assalariado e tece comparações entre o contrato de trabalho regido pela CLT e o vínculo estabelecido com as cooperativas em que trabalham. A empresa "tradicional" — seja pela subordinação a que são submetidos os trabalhadores, seja pelas garantias representadas pela carteira de trabalho assinada — sempre é um contraponto para definir ou explicar as cooperativas. Nos relatos colhidos, os aspectos mais importantes dessa comparação foram a presença ou não, em um ou em outro tipo de empreendimento econômico, de direitos trabalhistas, benefícios, estabilidade e subordinação.

Na cooperativa de produção industrial é unânime entre os entrevistados a recusa a voltar a trabalhar sob o regime da Consolidação das Leis Trabalhistas:

> "[Mas você mudaria para uma empresa "tradicional"?] *Não. Eu me desgasto muito aqui, para falar a verdade, eu passo muito nervoso, tenho muitos problemas, mas eu não mudaria não! Não mudaria porque eu sei que, por exemplo, numa empresa você tem que se submeter a alguém que está acima de você e esse alguém pode, às vezes, até conhecer menos que você e te dar ordens estúpidas, você tem que cumprir, dependendo do cara você não pode questionar muito. Dependendo da empresa você pode até questionar, tal, dependendo da empresa... se ela for mais rígida, você não pode! Então, na verdade, se eu sair daqui vai ser ou para montar meu negócio, ou para ingressar em algum outro tipo de carreira que não seja em empresas privadas*" (Eduardo, técnico mecânico, cooperativa industrial).

Assim como Eduardo, seus colegas de trabalho e os cooperados das cooperativas populares apontam como principal razão para a rejeição ao trabalho assalariado a pouca disposição para voltar a situações de subordinação semelhantes às que viveram no passado. Isso é muito enfatizado e aparece em designações da empresa "tradicional", por exemplo, como *"cabresto"* — expressão utilizada acima por Adilson — e outras semelhantes que aparecem nas entrevistas e em diversas conversas que mantivemos com cooperados de empreendimentos semelhantes.

No caso das cooperativas populares, no entanto, as dificuldades para a obtenção de renda produz algumas ambiguidades na manifestação dessa repulsa.

Elisabete, por exemplo, diante das dificuldades enfrentadas por sua cooperativa, fala que às vezes gostaria de ter um patrão:

"[Na sua opinião, é melhor trabalhar assim ou numa empresa "tradicional"?] *Olha, aqui é muito bom! Só que a gente está passando por tantos problemas, tantas coisas... E o pior é que tem gente que não está nem aí, fica só esses dois, três: contas, cobranças, só esquentando a cabeça... Eu, tem dia que eu penso que eu gostaria de ter um patrão para não ter que me preocupar com dinheiro, com contas para pagar; chegar no dia do pagamento e ter meu pagamento; no final do ano e ter décimo-terceiro; fazer um ano de casa e ter férias* [Não ter esses direitos faz diferença...] *É, os direitos... Então, mas cooperativa é muito bom, só que a gente tem que saber trabalhar e trabalhar certinho, como equipe, porque, se fizer qualquer coisa errado, não seguir direitinho, não fazer esses balanços, não dá certo...*" (Elisabete, cooperativa de alimentação).

Maria, que em alguns momentos de sua entrevista falou das virtudes da autogestão, vai mais longe:

"[Agora, e se aparecesse um emprego tradicional?] *Ah, eu não pensaria duas vezes! Podia ser até faxina! Eu não pensaria duas vezes! Eu largaria [a cooperativa]! A minha dificuldade é dinheiro, porque eu... Primeiro, que eu não gosto de ficar em casa e, segundo, que eu gosto de ter o meu próprio dinheiro. Não precisava ser muito. Podia ser até em faxina (...) Porque isso aqui vai demorar! Vai demorar para ter renda todo mês. E se eu entrar num serviço que seja faxina, no mês que vem eu já recebo.* [Você acha que você ia sentir falta se você largasse?] *Olha, sinceramente, se eu arrumasse um trabalho, eu ia sentir falta das amizades. Isso eu ia sentir falta. (...)* [Apesar de tudo, a questão da renda é...] *A questão da renda! Aí, diz assim... tudo bem que não tem patrão. Não tem patrão, mas a pessoa precisa do dinheiro para sobreviver! Dinheiro não é tudo, eu sei que não é! Mas é o começo, tudo tem que ter o dinheiro no meio. Você não vive, sem dinheiro você não come*" (Maria, cooperativa de costura).

Como em Maria, entre outros depoentes das cooperativas populares também pesa na decisão de permanecer na cooperativa, apesar das adversidades, o vínculo criado com os outros sócios:

"[Mas aí você acha assim, pelo o que eu estou entendendo, se a cooperativa estivesse bem, produzindo, tivesse bastante encomenda, você estaria satisfeito?] *Estaria, sem dúvida.* [Se mesmo assim você recebesse um convite para trabalhar numa empresa "tradicional", você iria?] *Não, não iria, porque o vínculo que a gente criou é muito grande, é muito forte*" (José, cooperativa de costura).

Por outro lado, para os entrevistados da cooperativa de mão de obra, nada os prende ao hospital. O trabalho regulado pela CLT representa maior segurança, estabilidade e a garantia do recebimento de benefícios, por isso nenhum desses entrevistados titubeou ao afirmar que ele é superior ao trabalho na cooperativa de mão de obra e muito mais desejável. Caio é enfático quando afirma:

> "Se for para mim sair para uma empresa melhor ou trabalhar em outro hospital melhor? CLT! É claro que eu vou escolher outra CLT (...) do que ficar trabalhando numa cooperativa, entendeu? Eu trabalho, assim, porque no momento estou em outro CLT, entendeu? Eu não arranjei outro, né, não consegui outro CLT, então, estou na cooperativa. Porque ficar desempregado também é ruim, né? Trabalho só em um e o orçamento não dá, então eu trabalho em dois, entendeu? Tem que correr atrás" (Caio, auxiliar de enfermagem, cooperativa de mão de obra).

Rosemeire, da mesma cooperativa também preferiria um trabalho regido pela CLT. Ela parece ter aceitado trabalhar na cooperativa apenas por ser seu primeiro emprego:

> "Mas para mim por enquanto está de bom tamanho, não tenho o que falar não [Você falou assim por ser seu primeiro emprego?] É, por ser meu primeiro emprego [Como você gostaria que fosse no futuro?] Teria que ser da CLT, né? (...) Procuraria isso mais tarde. Se fosse para eu estar com mais anos de formada e tudo, eu precisaria de um emprego mais, mais assim, registradinho, certinho" (Rosemeire, terapeuta ocupacional, cooperativa de mão de obra).

Fica evidente, mais uma vez, que o cooperativismo é vivido por esses trabalhadores como perda de direitos trabalhistas e como um tipo de trabalho inferior. Preferem, em seu lugar, um emprego "*certinho*", como afirma Rosemeire acima e "*adequado*", como afirma Caio a seguir:

> "A cooperativa, eu acho, na minha opinião, ela pode até criar de fato emprego. Cria, porque... <u>Não é aquele emprego adequado que a gente espera normalmente</u>, de procurar um serviço e achar, de carteira assinada, tal, tipo coisa que você tem, tipo CLT. Eu acho que, assim, a cooperativa... ela, tem várias cooperativas, tem cooperativas boas e tem, não vou dizer que são ruins, mas, menos que as outras, né? Eu acho que a cooperativa abriu acho que para gerar um pouco de mais de empregos também, vamos dizer assim. Eu penso assim" (Caio, auxiliar de enfermagem, cooperativa de mão de obra).

A precariedade do vínculo de trabalho na cooperativa de mão de obra é indicada em vários momentos pelos entrevistados e, em uma parte considerável das vezes, é enfatizada a falta de benefícios, como fundo de garantia, férias remuneradas e décimo terceiro salário.

> "Porque a gente não tem certos os benefícios. O problema já não é tanto os salários, mas a falta de benefícios que tem" (Rosemeire, terapeuta ocupacional, cooperativa de mão de obra).

10. Cooperativismo e estratégias de sobrevivência

As cooperativas entram na vida de todos os depoentes como parte de estratégias individuais e coletivas de sobrevivência[21], seja como meio de garantir o emprego ameaçado (no caso dos trabalhadores metalúrgicos entrevistados), seja como forma de sair da situação de desemprego ou de trabalhos precários (no caso dos sócios das outras cooperativas, especialmente as cooperativas populares). A cooperativa pode ser tanto um elemento central no orçamento familiar, quando o empreendimento é próspero, quanto apenas ter um papel complementar em relação à renda que vem de outro lugar, o que acontece quando as retiradas são incipientes.

Nas estratégias construídas pelos entrevistados, a cooperativa ocupa papéis muito distintos. Vejamos alguns exemplos.

Lídia pretende associar-se a mais de uma cooperativa de mão de obra. As cooperativas, no modo como Lídia se relaciona com elas, funcionam cada uma como uma espécie de "agência de empregos". Insatisfeita com o tipo de ocupação atual, ela tem a expectativa de que alguma das outras cooperativas a convide para um trabalho melhor em algum outro tipo de hospital:

> "E a gente tenta se ligar em outras cooperativas, cada cooperativa tem uma taxa para pagar, a cooperativa cobra um valor mínimo. Agora mesmo eu estou tentando me cooperar em outra cooperativa; e o valor dela é cem reais, é bem mais alto que essa. (...) Então, eu estou tentando entrar em outras cooperativas justamente por isso, para tentar me colocar em alguma outra coisa. Não para estar me desligando daqui, mas para estar conciliando (...) [Você ficaria cooperada nas duas?] É, pode ficar em duas, em três, até em dez cooperativas e trabalhar em uma só. Como tem gente que faz — cooperados daqui — em vários outros locais e trabalha em um só ou dois. Têm vários cadastros em várias cooperativas, mas só presta serviço, na realidade, para duas" (Lídia, auxiliar de enfermagem, cooperativa de mão de obra).

Segundo Lídia, não é fácil, dentro da mesma cooperativa, saltar de uma tomadora de serviço para outra, especialmente pelas exigências de experiência, pelo reduzido número de vagas e pelas barreiras burocráticas impostas pela cooperativa aos trabalhadores.

Caio, que trabalha no mesmo hospital, descreve uma outra estratégia: vê nas cooperativas a possibilidade de ter mais de um trabalho, especialmente por ser o trabalho na cooperativa uma atividade sem registro, o que lhe permite ser cooperado em um lugar (vínculo associativo) e funcionário em outro (assalariamento).

Para Rosemeire, recém-formada em terapia ocupacional, a cooperativa de mão de obra, como vimos acima, foi a forma encontrada para entrar no mercado de trabalho sem ter experiência prévia em sua profissão.

---

(21) Várias pesquisas recentes têm se dedicado ao estudo das estratégias de sobrevivência de trabalhadores: Azevedo & cols. (1998); Neves & cols. (1998); Salvitti, Viégas, Mortada e Tavares (1999).

Para os trabalhadores da cooperativa industrial, a transformação da empresa em cooperativa foi o caminho encontrado para não caírem no desemprego. Não foi um caminho fácil, como vimos acima. Segundo o relato de Carlos:

> "Antes da cooperativa nós trabalhava na mesma função. Só que, por motivos, sei lá... financeiros... da empresa anterior, ela achou por bem desativar nosso setor e nós tocar ele. Ou seja, nós tocar, seguir o nosso trabalho, porque só assim a gente segurava o nosso emprego. Porque se você, na época, fosse tentar outro serviço fora seria difícil do jeito que está o desemprego. Então, está complicado. Foi a maneira mais lógica para a gente seguir nosso trabalho, foi nesse meio de cooperativa, ou seja, tocando o próprio negócio" (Carlos, operador de injetora, cooperativa industrial).

Quanto às cooperativas populares, as pequenas retiradas que cada um consegue obter com seu trabalho em comum fazem com que a renda oriunda da cooperativa não seja central no orçamento familiar. José, da cooperativa de costura, afirmou fora da entrevista que só continua empenhado na luta por fazer sua cooperativa crescer porque sua esposa está empregada. Outros cooperados fazem diversos "bicos" para conseguirem sobreviver. Apesar disso, a maioria dos entrevistados dessas cooperativas investe nesses empreendimentos uma parcela considerável de suas esperanças, isto é, permanecer na cooperativa ainda faz parte de sua estratégia de sobrevivência ou é, ao menos, a tática possível no momento.[22]

11. As cooperativas solicitam novos posicionamentos em relação ao trabalho

Não foi nosso objetivo analisar o conjunto das mudanças subjetivas engendradas pelas vivências no interior das cooperativas (já que várias pesquisas recentes e em andamento têm se debruçado sobre o assunto), entretanto, no transcorrer da pesquisa e da análise apresentada acima, constatamos uma série de "convocações" dirigidas de diferentes formas aos cooperados.

O que nos chamou a atenção foram as mudanças em si — elas são, sem dúvida, de grande interesse —, mas especialmente as pressões para que os indivíduos mudassem e o tipo de novos sujeitos para os quais elas apontavam. Essas solicitações para que se assumissem certos posicionamentos em relação ao trabalho e às cooperativas apareceram de várias maneiras, seja através de condições concretas que forçavam algum tipo de posicionamento, seja através das queixas dos cooperados em relação aos outros ou de suas fabulações sobre como seria uma cooperativa ideal.

Esse fenômeno demonstra bem o jogo de forças dentro de um tipo de rede como as cooperativas e a interdependência entre ator e rede.

---

(22) A diferença entre estratégia e tática nas ações cotidianas é esclarecida por Certeau (1994). Sinteticamente, pode-se dizer que as estratégias referem às ações planejadas no tempo e as táticas, por sua vez, referem-se à escolha entre as oportunidades que aparecem em um determinado momento.

Os cooperados entrevistados e vários outros com quem conversamos ao longo da pesquisa mostram como são solicitados a todo instante a posicionarem-se diante do trabalho de forma distinta à que, ao menos supostamente, estavam acostumados antes. Essas solicitações são diferentes nas várias cooperativas estudadas e o que se segue é uma síntese de vários momentos das entrevistas discutidos até agora.

Na cooperativa industrial e nas cooperativas populares, de um modo geral, a convocação é para ser "dono", "patrão"[23], "sócio", "parceiro". Fala-se, como já se viu acima, da necessária passagem da condição de empregado para a condição de proprietário do empreendimento e da necessidade de gerenciar o negócio:

> "Ah, no começo eu imaginava que não era uma coisa totalmente segura, porque a gente ficou na posição de gerir o negócio sem ter experiência, porque a gente tinha sido sempre acostumado a trabalhar como empregado e a cooperativa ia mudar, porque você ia passar de empregado para patrão. Para quem não tem experiência nisso, imagina o nó que dá na cabeça! Então, a gente ficou meio perdido. Até que nós estamos meio perdidos até hoje, só que nós estamos tentando procurar o caminho e está dando certo" (Adilson, almoxarife, cooperativa industrial).

O mesmo Adilson fala sobre as mudanças que gostaria que ocorressem nos posicionamentos de alguns de seus colegas de trabalho:

> "Se eu quisesse mudar alguma coisa aqui, o que eu gostaria de mudar? Para melhorar? A cabeça das pessoas. [Como você gostaria que fosse a cabeça das pessoas?] Ah, eu gostaria que as pessoas aqui fossem um pouco mais informadas, entendessem um pouco sobre o mercado, que procurassem se informar, procurar saber um pouco sobre o mercado, sair um pouco da rotina dele e sacrificar às vezes um final de semana para poder conhecer como é que funciona tudo que está girando em volta dele, para ele poder ser mais maduro em questão de gerir o próprio negócio. Ao contrário de às vezes fazer corpo mole: não, ele ir para cima mesmo e fazer as coisas andarem. É o que muitas vezes eu tento fazer, sair para fora às vezes, vou para umas feiras, vou conversar com umas pessoas que é patrão, que tem firma, que gera alguma coisa, os caras que é gerente de outro lugar. Saber um pouco de como funciona os outros lugares para ter uma base dentro do que eu estou. Se estou mal, se estou ruim, se estou bom. E muita gente não, muita gente tem aquela mesma coisa do empregado. Que nem eu falei: tem o salário na conta lá e vai levando, está bom. Não tem ambição de crescer nem nada. Para ele, estando ali, dando para sobreviver, está bom e vai levando aquilo. E o tempo está passando, as coisas estão evoluindo, está indo muito rápido, até demais. E a pessoa fica perdida no tempo lá atrás e essas pessoas que ficam perdidas acabam atrapalhando" (Adilson, almoxarife, cooperativa industrial).

---

[23] A ideia de "patrão" adquire uma conotação particular nesse contexto, pois se trata de um patrão que não tem a quem subordinar. Afinal, os cooperados são patrões de quem a não ser deles próprios?

Mariana (de uma cooperativa popular), em um outro exemplo, fala da necessidade de uma disposição para aprender coisas novas como condição para ser cooperado, ao contar a história de uma colega:

> "*Ela não sabia tirar um café, hoje ela fica no balcão! Ela sabe o nome de todos os salgados que tem ali que eu não sei.* [Então, você acha que essa disposição para aprender é muito importante?] *Nossa, como é importante! E, detalhe, tem as diferenças, você aprender... você crescer junto com a cooperativa, mas com amor e tem os interesses também. Tem aquela pessoa que só tem interesse em receber o dinheiro no final do mês, entendeu? Ter a sua retirada no final do mês... tem aquele que fala assim 'eu não estou nem aí meu', entendeu?*" (Mariana, cooperativa de alimentação).

Na cooperativa de mão de obra, as solicitações são muito distintas dessas apresentadas acima. São, na verdade, as demandas tipicamente feitas ao trabalhador flexível e elas não aparecem de forma tão clara quanto as demandas comuns às outras cooperativas.

As questões que preocupam os trabalhadores da cooperativa de mão de obra não são, por exemplo, se há pessoas que participam ou não das assembleias nem a preocupação instrumental de "como fazer para que essas pessoas participem". Suas aflições estão relacionadas à necessidade de se posicionarem no mundo como o já referido trabalhador "autônomo" em sua solitária existência. Se esse posicionamento é possível ou não, se é algo que se pode esperar de todos ou não é um outro problema.

5 – Relações de Trabalho e Sentidos

As combinações locais dos diversos elementos apresentados acima permitem o estabelecimento de relações de trabalho a partir das quais se produzem configurações do cooperativismo com sentidos muito distintos. Trata-se, como se procurou mostrar, de uma produção mútua entre relações sociais, materialidades e sentidos a partir da combinação de elementos na formação das redes que constituem cada uma das cooperativas acima apresentadas por meio dos relatos de seus trabalhadores.

Se vistos de longe, os mundos das cooperativas industriais, populares e de mão de obra apresentam semelhanças formais (são, afinal, cooperativas, têm estatutos, assembleias, relacionam-se com algum mercado etc.). Mas as semelhanças param por aí, pois, vistas de perto, apresentam construções intersubjetivas e materiais tão diferentes que poderíamos falar de mundos completamente estranhos entre si, especialmente se considerarmos os contrastes entre a cooperativa de mão de obra e as outras.

Em todas as cooperativas foi possível reconhecer, ao longo dos depoimentos, as ações dos trabalhadores, os conflitos e as negociações micropolíticas. Priscila, em um exemplo das pequenas negociações cotidianas, falou-nos, como visto acima, dos esforços para conseguir melhorias no seu espaço de trabalho e das negociações a respeito das folgas em feriados. Adilson, em um outro exemplo também já discutido, descreveu os confrontos entre opiniões diferentes no dia a dia, nas assembleias e nas relações entre operários e coordenadores de área. Em ambos exemplos, encontram-se demonstrações de como processos cotidianos de negociação concorrem para a produção do acontecer institucional.

É interessante notar, contudo, os diferentes contextos em que se dão essas negociações e as características que elas assumem em um ou outro espaço. As situações de confronto descritas por Adilson ocorrem, ou em espaços de decisão coletiva (a assembleia, as conversas informais), ou em relações que, embora marcadas por certa ambiguidade, *insistem* em ser horizontais (lembremo-nos do que foi discutido acima a respeito do papel dos coordenadores na cooperativa industrial).

Nas situações relatadas por Priscila, ao contrário, as negociações relativas ao espaço físico e aos feriados aconteceram na relação de oposição entre os trabalhadores e uma instância hierarquicamente superior de poder. Não são os próprios trabalhadores negociando entre si, mas reivindicando seus interesses diante de um outro que prescreve o trabalho e que centraliza as decisões no hospital. O mesmo se passa nas relações entre esses trabalhadores e a cooperativa de mão de obra, pois esta, estruturada como uma ordem burocrática, apresenta-se também como uma instância exterior de poder — basta lembrar o modo como as decisões chegam aos sócios que estão no hospital e o modo pelo qual a participação da gestão é vivida como algo à parte do dia a dia dos trabalhadores (ela depende de um curso opcionalmente oferecido aos cooperados que tiverem interesse pelo assunto).

Em um arranjo, a condição de sócio-trabalhador convoca todos para que assumam e compartilhem as responsabilidades pela gestão. No outro, mantendo-se o dia a dia de trabalho separado da cooperativa e submetendo-se os trabalhadores às estruturas funcionais de um hospital tradicional, a vivência resultante é semelhante à de um trabalhador assalariado. Só não é idêntica simplesmente porque é pior: o vínculo de trabalho na cooperativa de mão de obra é visto, não sem razão, como inferior e mais precário do que na empresa convencional.

Com isso, nota-se também uma série de aspectos da cooperativa de mão de obra que se traduzem em sentidos muito diferentes daqueles que se constroem nas outras cooperativas.

A "retirada", por exemplo, que é a denominação dada aos rendimentos mensais de cada cooperado (aquilo que se *retira* do valor produzido ao final de um ano fiscal na forma de uma antecipação mensal), volta a ser "salário" para os cooperados do hospital, isto é, a retirada recebe a mesma denominação dos rendimentos de trabalhadores contratados pela CLT (salário, afinal, é o pagamento pela mão de obra comprada como mercadoria). Note-se que entre todos os trabalhadores das outras cooperativas houve um grande cuidado em fazer essa distinção como modo de afirmar que estão de fato em uma cooperativa.

Um outro exemplo, a divisão das sobras no final do ano é sempre tema para grandes debates na cooperativa industrial entre aqueles que preferem investir no patrimônio da empresa e ganhar mais depois e aqueles que preferem fazer uso imediato do dinheiro. Essa divisão não é mencionada pelos trabalhadores da cooperativa de mão de obra e aparece vagamente entre os cooperados das cooperativas populares (que, pelas baixas retiradas, têm pouca ou nenhuma sobra no final de um ano fiscal).

No entanto, são os trabalhadores da cooperativa de mão de obra os únicos que se queixam contra a "ausência" do décimo terceiro salário. Isso faz sentido se pensarmos que o contrato que sua cooperativa tem com o hospital a remunera em função do número de trabalhadores cedidos e do grau de instrução que possuem. As retiradas e as sobras, nesse caso, não dependem de um melhor ou pior desempenho da cooperativa (como nas cooperativas dos outros depoentes), mas da negociação com o hospital e do limite imposto pela média salarial de cada um desses profissionais no mercado de trabalho.

Se a estrutura do mundo não se modifica, isto é, se os elementos que configuram a rede que é a cooperativa não se constituem como um contexto fundamentalmente distinto do trabalho assalariado, não há condições suficientes para que a vivência como funcionário (ou "trabalhador autônomo") se transforme na vivência de sócio--trabalhador, isto é, o sentido do cooperativismo não difere substancialmente do sentido do trabalho assalariado.

Por sua vez, mesmo considerando-se ser uma empresa em transição, a metalúrgica que se transformou em cooperativa oferece-nos para a reflexão uma composição muito interessante de elementos, pois, mesmo que tenham sido mantidos cargos semelhantes aos das antigas chefias (os atuais coordenadores), a mudança para a condição de proprietários do empreendimento e a impossibilidade que têm os coordenadores de demitir um operário faz com que a autoridade de um ex-chefe que ainda venha a aspirar o comando autocrático caia por terra. Mesmo que uma cultura de cooperação esteja em intensa construção, mesmo que essa cooperativa industrial ainda não tenha "descoberto", por exemplo, os grupos semiautônomos (na versão toyotista ou sociotécnica) ou implementado mudanças substanciais na forma como o trabalho fabril é realizado, essa mudança na estrutura do mundo tal qual ele se apresenta aos trabalhadores faz com que os resquícios de autoridade do processo de trabalho herdado pela cooperativa sejam deslocados, fiquem fora de lugar. Estão presentes, mas de um modo distinto, pois o poder que tinha o chefe de demitir ou de proteger já não tem lugar no novo contexto e essa "autoridade" tem que fazer frente, na rede em que se insere, a outros agentes, como a figura do sócio-trabalhador ou a da assembleia.

Há que se questionar a necessidade ou não da existência dos coordenadores e se eles seriam ou não apenas um elemento de transição da empresa convencional para a cooperativa. Em todo caso, trata-se de uma decisão assumida pelo grupo de trabalhadores na sua tentativa de tocar adiante seu negócio. Há ainda que se considerar a análise feita no capítulo anterior pelo técnico mecânico Eduardo a respeito das diferenças tecnológicas entre as cooperativas industriais e as cooperativas populares artesanais e de serviços.

No caso ainda da cooperativa industrial e também das cooperativas populares, tem um peso muito grande a preocupação com a prosperidade do negócio, pois a manutenção da sobrevivência do empreendimento é um valor primordial compartilhado pela maioria desses trabalhadores e serve, inclusive, como referência para as tentativas de resolver as disputas internas e os conflitos de poder, pois é a favor do negócio que muitas vezes se abre mão de determinadas posições dentro de uma disputa. O mesmo se pode dizer, como já vimos, em relação aos desentendimentos de ordem pessoal, que são relevados a favor dos interesses coletivos.

Deve-se perguntar se essa racionalidade técnica não é a mesma que grassa nas empresas tradicionais (Busnardo, 2003). No entanto, uma coisa é certa: o valor produzido pelo trabalho coletivo é apropriado por todos os envolvidos na produção. De outra parte, em nossas visitas à cooperativa industrial ao longo de alguns anos, pudemos observar e colher relatos sobre a crescente e significativa diminuição dos acidentes de trabalho no chão de fábrica, atribuída pelos operários à sua própria decisão coletiva de renovar o maquinário, renovação que contemplava também melhorias no quesito segurança. Das decisões da assembleia ergueu-se, nas palavras de alguns trabalhadores com quem travamos conversa, uma fábrica mais moderna e mais segura do que antes, o que faz crer que não é apenas de uma racionalidade técnica que se trata aqui.[24]

Outro aspecto a ser considerado, já apontado por Stryjan (1989) e por Singer (1999), é a relação entre sócios-fundadores e novatos nas cooperativas. Todas as cooperativas

---

(24) Há muito o que se pensar a esse respeito, incluindo-se as análises que podem ser feitas a partir da crítica dos autores do Grupo Krisis (2003) em seu *Manifesto contra o trabalho* e da análise de Hannah Arendt (1995) sobre o *homo faber*.

populares estudadas na presente pesquisa e a cooperativa industrial, por serem empreendimentos jovens, contam predominantemente com sócios-fundadores entre seus quadros. A cooperativa de mão de obra, por sua vez, não tem, entre os trabalhadores do hospital em que trabalham nossos depoentes, nenhuma pessoa que tivesse participado de sua constituição, isto é, quando chegaram, já encontraram uma cooperativa pronta e, por isso, não compartilharam a vivência de construir a cooperativa nem os problemas que levaram à sua constituição.

Aqueles que chegam depois encontram um mundo já configurado de um determinado modo e, além disso, talvez não tenham clareza sobre as razões que levaram à formação da cooperativa, o que pode também contribuir para que não se sintam como parte dela. Trata-se, assim, de mais um elemento a compor as tramas que são as cooperativas.

As vivências distintas de sócio-trabalhador e de trabalhador autônomo são produzidas a partir das redes em que se encontram os membros de cada cooperativa. Elas derivam da história de cada pessoa e também das experiências cotidianas que têm como cooperados e trabalhadores em seus contextos sociais e materiais. O mundo vivido, tal como se apresenta para cada um desses trabalhadores, confirma a cada dia a sua condição. É possível introduzir novos elementos nessas redes, mas podemos supor que um elemento novo, como as tradicionais práticas de treinamento, por exemplo, teriam pouco efeito na forma de compreender o trabalho compartilhada pelos trabalhadores das cooperativas. Isto é, a tentativa, por exemplo, de "convencer" os trabalhadores da cooperativa de mão de obra de que são sócios (à maneira como a gestão toyotista tenta fazer seus empregados "vestirem a camisa" da empresa) tende a ser desconfirmada por todos os elementos identificados acima e corre o risco de ser vista pelos trabalhadores como mera farsa.

1. Autogestão e gestores profissionais?

Os elementos reunidos até aqui permitem algumas reflexões a respeito dos gestores profissionais de cooperativas e das questões de gestão de "recursos humanos" que aparecem no interior do campo.

A rigor, falar em "gestores de cooperativas" significa reassumir a exterioridade do poder, isto é, significa restabelecer na produção a separação entre trabalho e produção e, consequentemente, a heterogestão. Do mesmo modo, falar em "recursos" significa aludir a algo de que se dispõe, a algo que algum sujeito rearranja à sua maneira. Os "recursos humanos" são recursos — assim como as máquinas, o espaço físico, a matéria-prima — que o gestor, como já dissemos, aloca e rearranja de acordo com sua vontade ou, ao menos, segundo a racionalidade que orienta a produção[25].

---

(25) Vale lembrar que na empresa toyotista, por exemplo, embora o poder que tem o chefe de dispor os recursos esteja subordinada não à sua simples vontade, mas à racionalidade produtiva que domina a todos (Antunes, 1999; Busnardo, 2003; Marazzi, 1999). Isso significa que a própria vontade daquele que dispõe dos recursos humanos ou mesmo quando estes são convidados a participar, podem estar sob o império de um outro.

Tendo em vista o que já se apontou neste texto a respeito da cooperativa de mão de obra estudada, convém analisar o que os defensores desse tipo de cooperativa compreendem como autogestão e o papel que atribuem aos gestores profissionais nesses empreendimentos.

Segundo um documento da Organização das Cooperativas Brasileiras (2005), que trata especificamente das cooperativas de trabalho, o trabalhador de uma dessas cooperativas não se encontraria, em relação ao tomador de serviços, na mesma desvantagem que o trabalhador assalariado frente ao seu empregador:[26]

> "Poder-se-ia afirmar que o partícipe de uma cooperativa de trabalho é um trabalhador autônomo. No entanto, reconhece a OCB que essa figura não é suficiente, porque o exercício da atividade laborativa nesse modelo (associativo) pode implicar na perda da autonomia plena do sócio cooperado, que nessa condição pode passar a ter autonomia relativa. A perda da autonomia plena pelo sócio cooperado não implica, no entanto, que esse passe a se enquadrar automaticamente na condição de hipossuficiência, *visto que não está submetido diretamente ao poder e consequentemente ao mando de um agente econômico detentor de capital*" (p. 6, itálicos nossos).

Para a OCB, essa inexistência da condição de hipossuficiência[27] do trabalhador cooperado baseia-se na possibilidade que ele tem de votar em assembleia:

> "Essa ausência se constata na medida em que o trabalho associativo consagra o mais básico dos direitos do trabalhador: a negociação coletiva das relações de trabalho, *manifesto no exercício da soberania assemblear mediante o voto singular*" (p. 18, itálicos nossos).

Mesmo considerando que a negociação das relações de trabalho no hospital estudado não ocorre por essa via (já que as referidas assembleias dizem respeito à cooperativa e não ao processo de trabalho dentro da empresa tomadora de serviços), é interessante notar o uso feito pela OCB do conceito de autogestão:

> "Urge esclarecer de pronto que a importância do cooperativismo do trabalho não está exatamente em atender conjunturalmente uma demanda das empresas por relações de trabalho mais flexíveis, ou em baratear custos com mão de obra. Essas podem ser até consequências da introdução do cooperativismo de trabalho numa determinada economia, mas não são a sua razão de ser. *A razão de ser da cooperativa de trabalho é a autogestão*" (p. 4, itálicos nossos).

---

(26) Note-se também nessa citação a interessante alusão ao trabalho autônomo e o contraste com os depoimentos colhidos nesta pesquisa, nos quais os trabalhadores da cooperativa de mão de obra afirmam todo o tempo serem trabalhadores autônomos.

(27) O mesmo texto define a "hipossuficiência", isto é, a fragilidade do empregado diante do empregador: "O Direito do Trabalho clássico (brasileiro) preconiza que a garantida da dignidade do trabalhador, na condição de exercente de uma atividade laborativa como empregado só é viável com a intervenção estatal, uma vez que só o Estado é capaz, por meio de normas de contenção, estabelecer os limites do capital frente à seu empregado. Parte-se da premissa, portanto, da necessidade da tutela estatal que visa, em última instância, a proteção do empregado na sua condição de hipossuficiência" (p. 4).

O que vem ao caso é que a definição de autogestão da OCB, mesmo considerando a enorme diversidade de definições para o conceito (Cedeño, 1999), está bem distante das práticas construídas por trabalhadores ao longo de sua tradição de resistência à exploração. Considerando que as assembleias ordinárias acontecem anualmente e que mesmo as assembleias ordinárias não fazem parte do cotidiano dos depoentes que trabalham na cooperativa de mão de obra em discussão, a democracia e a participação estão, ao que parece, na definição da OCB, apenas na escolha de representantes. No mais, a gestão do empreendimento em si, segundo sua recomendação, deve ficar a cargo de especialistas no assunto.

Isso aparece nas proposições de Bialoskorski Neto (2004), que associa a eficiência econômica das cooperativas à existência de uma gestão especializada e profissional. Referindo-se às funções sociais das cooperativas, o autor afirma:

> "Mas, para que essas funções sociais possam ser exercidas, tem-se que co-operar a organização cooperativada de modo economicamente eficiente, isto é, se não existir eficiência econômica também não existirá geração de renda e, portanto, não haverá prestação de serviços e distribuição de renda. Então, para alcançar a eficácia social, a cooperativa deve apresentar eficiência econômica. *Estes pressupostos implicam em crescimento econômico, em gestão especializada e em posicionamento de mercado da organização cooperativa de acordo com a lógica da economia*" (p. 6, itálicos nossos).

O autor é ainda mais enfático a seguir:

> "A gestão especializada e profissional é a principal base de desenvolvimento da eficiência econômica e, portanto, possibilita a geração e distribuição de renda, bem como o cumprimento da função social do cooperativismo" (p. 10).

Ora, o grande mérito de muitas experiências de cooperativismo, como a cooperativa industrial e as cooperativas populares estudadas por esta pesquisa e várias outras, é justamente mostrar que os trabalhadores são capazes de tocar adiante seus próprios empreendimentos. Encontram nesse processo diversas dificuldades, inventam formas peculiares de lidar com elas, mas não é a ausência de um especialista em gestão que faz a diferença em boa parte desses casos.

É claro que não se está falando da não necessidade de especialistas. Pelo contrário, eles são importantes em vários tipos de decisões, como as que exigem conhecimento técnico muito específico, por exemplo. Mas uma distinção importante deve ser feita: o especialista, como assessor, não é o responsável pelas decisões, mas sim o grupo, que toma como base para as suas decisões as informações fornecidas por um ou mais especialistas. É necessário não confundir uma autoridade de saber (aquele que conhece muito sobre um assunto), com uma autoridade de poder. Albert (2004) sintetiza esse ponto de vista do seguinte modo:

> "Em suma, o fato de você ser um químico e entender a química e a biologia de uma camada de tinta numa parede e os efeitos que ela pode ter, e de eu ser

um pintor ou um fabricante de carros e não entender a química envolvida nesse processo, e tendo eu apenas as informações que você transmite, isso não significará que sua opinião vai ter um peso maior, na tomada de decisão, quando formos decidir se minhas paredes terão que ser pintadas, ou se toda a nossa comunidade quer ou não a pintura. Isto significa, de qualquer forma, que os meus companheiros membros da comunidade e eu, devemos ouvir o seu depoimento de especialista antes de tomar uma decisão. Você é uma fonte de informação importante, certamente, mas na tomada de decisão em si, você se torna como todos os outros. No que diz respeito ao fornecimento de informação, você é um especialista, mas na própria decisão, você terá uma participação proporcional aos efeitos sofridos por você, assim como nós, que teremos uma participação proporcional aos efeitos que recairão sobre nós" (p. 24).

Se considerarmos a autogestão como elemento nodal para analisar as relações de trabalho no cooperativismo, os sentidos produzidos pela discussão em torno dos papéis dos gestores profissionais, da gestão de recursos humanos em cooperativas e os problemas enfrentados por gestores em relação à participação dos cooperados auxiliam-nos a compreender um pouco mais, através do contraste com a tradição operária da autogestão, o descompasso entre diferentes manifestações do cooperativismo em termos das relações estabelecidas entre os cooperados como um todo e a exterioridade das instâncias de poder estabelecidas (Clastres, 1978).

Mesmo nas cooperativas nas quais há efetiva e constante participação dos trabalhadores, encontra-se uma importância ainda grande conferida aos gestores eleitos. São eles que, por exemplo, costumam frequentar os cursos de formação e, nesses espaços, costumam se questionar sobre como estimular os outros cooperados e como fazê-los se envolver com a cooperativa.

Certamente, como apontou um dos entrevistados da cooperativa industrial, a própria alternância entre os sócios-trabalhadores nos conselhos gestores consegue modificar essa situação. Este é o exemplo descrito por Eduardo:

> *"O pessoal não entende direito como funciona a administração (...) por exemplo, teve um conselheiro dessa gestão agora, que antes ele não era do conselho, mas ele participava de algumas reuniões. Tudo ele achava que estava errado. Tudo o que era discutido no conselho, 'não, isso está errado'. Aí, quando perguntavam para ele 'mas o que você sugere?', 'não, isso é vocês que tem saber, eu não sou conselheiro, vocês é que tem que pensar nisso'. Ele questionava bastante, falava que estava errado, mas nunca ajudava a dar solução nenhuma. Ele falava que estava errado, mas também não conseguia explicar de maneira clara o que que tava errado (...) E é estressante isso daí, né? As pessoas que participavam daquele conselho acabavam sofrendo bastante. Bom, aí, talvez até em função disso, ele foi eleito para a gestão atual. E ele mudou muito! Hoje ele não tem*

entanto, em decorrência das premissas políticas e dos laços de solidariedade, não é reconhecido o crescimento econômico dessas organizações em direção ao mercado, sob a alegação de que este crescimento poderia levar à concentração de renda e à lógica capitalista" (p. 7).

A esse tipo de análise, Cunha (2003) contrapõe argumentos que apontam para a importância do resgate da dimensão política do cooperativismo, tendo como base as experiências concretas de economia solidária:

"Se há uma tentativa de correntes tradicionais do cooperativismo brasileiro de negar suas dimensões políticas, por outro lado a construção do marco teórico e das experiências concretas de economia solidária indicam um resgate dessas dimensões. Trata-se de embate de ideias em torno de terminologia que não é nova, mas cuja recriação ainda é recente. O uso generalizado de termos como solidariedade, cooperativismo ou cidadania pode resultar na coincidência de discursos situados em polos opostos do espectro ideológico, e exige a distinção entre práticas conservadoras e progressistas" (p. 67).

Gaiger (2004), nessa mesma direção, fala da "novidade" presente no cooperativismo solidário, a constituição de uma nova forma social de produção e de uma nova racionalidade econômica:

"As diversas graduações observadas no conteúdo autogestionário e cooperativo das experiências de economia solidária, resumidas nas tipologias apresentadas pelos autores, deixam sobressair uma situação de correspondência bastante fiel ao conceito de *empreendimento econômico solidário* e ao que podemos considerar, à luz da teoria marxista, uma *nova forma social de produção*: modificam-se os princípios e os fins da organização econômica, alteram-se ao mesmo tempo as relações que os indivíduos contraem entre si, no que tange aos meios de produção, ao processo de trabalho e a seus resultados. Uma nova racionalidade passa a presidir o agenciamento dos fatores produtivos" (p. 387, itálicos do autor).

À luz do que pudemos conhecer a partir dos depoimentos colhidos e analisados ao longo desta pesquisa, podemos contribuir com pelo menos um elemento para essa discussão. Vejamos.

3. Patrão? Não, Obrigado!

A questão política referida acima desdobra-se — no cotidiano dos cooperados que vivenciam em seu dia a dia a autogestão — em uma forte recusa. A recusa à subordinação. Não se trata, em grande parte das vezes, de uma ação que necessariamente revele consciência de grupo ou de classe. Isso parece ser um segundo momento de um processo mais longo.

O primeiro momento toma a forma de um profundo mal-estar: é ruim ter patrão, é ruim ter alguém que mande, é ruim ser humilhado, é ruim ser coagido. Ronaldo, da cooperativa de serviços gerais, tem a mesma intuição que os membros das sociedades estudadas por Pierre Clastres (1978) tiveram: ter alguém que mande "*é perigoso*". Em suas palavras, uma síntese do circuito poder, subordinação e repulsa:

> "[Você acha ou já achou em algum momento, Ronaldo, que a cooperativa funcionaria melhor se tivesse um chefe?] *Chefe? não! Na cooperativa não! Se tiver chefe... Porque, assim, é perigoso você mandar, entendeu? Você se sentir assim como chefe e querer, assim... É como se você tivesse um poder na mão, entendeu? Querer mandar, mandar e mandar nas pessoas, né?! (...) E as pessoas não gostam de ser maltratadas, não gostam de ser mandadas, entendeu?*" (Ronaldo, cooperativa de serviços gerais).

Esse mal-estar não se transforma automaticamente em amor pela liberdade e em luta pelo fim da opressão. Mas é uma recusa forte, da qual só se abre mão quando não há outra alternativa ou quando as alternativas de que se dispõe são muito precárias, como no caso de alguns entrevistados das cooperativas de mão de obra.

Como vimos, os sócios da próspera cooperativa industrial não cogitam deixá-la em troca de um trabalho melhor remunerado em uma empresa "tradicional". Prefeririam trabalhar em uma outra cooperativa ou até "por conta própria" a voltar a serem empregados.

Os sócios das cooperativas populares quando falam dessa possibilidade, sempre justificam a possibilidade de sair referindo-se à insuficiência das retiradas proporcionadas por suas cooperativas, mas insistem no valor conferido ao fato de não estarem sob o julgo de chefes ou patrões e às relações interpessoais construídas dentro de suas cooperativas ao longo de anos de convívio.

Já os trabalhadores da cooperativa de mão de obra, ao contrário, almejam com fervor a proteção da legislação que resguarda o trabalho assalariado. Isso porque o trabalho mediado pela cooperativa só se difere do trabalho assalariado pelas características negativas com que se apresenta: perda de direitos, fragilidade, instabilidade.

Segundo Alba Zaluar (2000) — que conduziu uma extensa pesquisa junto à comunidade carioca de Cidade de Deus —, a relação das classes populares com o trabalho é ambígua, pois, se por um lado predomina a moral burguesa do trabalho (relativizada por não ser o trabalho em si um valor, mas a possibilidade que ele confere aos que trabalham de serem provedores de suas famílias), por outro, o trabalho é vivido como escravidão.

Por essas e outras razões, cogitar a volta ao trabalho assalariado convida a posicionamentos que variam segundo o tipo de cooperativa em que se trabalha. Para os trabalhadores da cooperativa industrial, esse retorno é inconcebível, afinal, conseguem garantir a sobrevivência de suas famílias e vêm diante de si um horizonte de possibilidades como sócios-trabalhadores de um empreendimento no qual se reconhecem como proprietários não submetidos ao julgo de um patrão. Por que querer voltar ao "*cabresto*", como diria Adilson?

Entre os trabalhadores das cooperativas populares, predomina a ambiguidade: ter patrão é ruim e ter provado da autogestão torna mais amarga a volta à subordinação, no entanto, a cooperativa não garante ainda retiradas que deem conta das despesas mensais, ao mesmo tempo que os conflitos entre cooperados também são um fator de desagrado.

Por sua vez, os trabalhadores da cooperativa de mão de obra não têm dúvidas quanto à superioridade do trabalho regido pela CLT, conjunto de leis tão citado nas entrevistas.

Reflitamos sobre isso. Se a vivência de autogestão descrita pelos trabalhadores nessa cooperativa de mão de obra é nula (exatamente na contramão do que pretendem sustentar seus defensores), se as diferenças desse tipo de vínculo de trabalho com o vínculo assalariado são vividas com precarização, o que se poderia esperar como resultado? Sim, certamente, a cooperativa de mão de obra entra como parte das estratégias de sobrevivência dos trabalhadores entrevistados, eles são astuciosos em relação a isso, mas o que dizer do "cooperativismo" que esse tipo de relação de trabalho produz? Se a intenção de quem o promove é fortalecer e aprimorar as relações de trabalho, o efeito que produz no mundo parece seguir a direção oposta.

6 – Conclusões

> *"Onde existe reunião não precisa de patrão!"*
> (Maria, cooperativa de costura).

Como em qualquer processo decisório, as escolhas e as questões que originaram este estudo deixaram outras questões igualmente importantes de lado, o que, sem dúvida, aponta para o limite de tomar as cooperativas como foco único. Primeiro, não se abordou o conjunto complexo e multifacetado da economia solidária, já que se optou por estudar apenas uma dentre as várias modalidades de empreendimentos econômicos solidários. Segundo, o recorte da pesquisa não permitiu investigar as redes de cooperativas e a solidariedade entre os empreendimentos, e são justamente as redes de empreendimentos que hoje podem fazer a grande diferença em relação às experiências anteriores do movimento cooperativista (Haddad, 2003). Esses temas certamente ensejam outras pesquisas.

Por outro lado, a escolha do foco no cooperativismo e em suas faces contrastantes permitiu identificar importantes elementos de diferenciação entre as cooperativas estudadas e elencar questões pertinentes acerca das relações de trabalho que se desenrolam no interior desses empreendimentos econômicos, especialmente no que se refere à comparação entre as cooperativas populares e de produção industrial, de um lado, e as cooperativas de mão de obra, de outro.

Esses elementos de diferenciação referem-se a aspectos como: a separação entre gestão da cooperativa e gestão da produção; as distintas formas de participação nas cooperativas; as nuances de papéis como os de coordenadores e de gestores; os diferentes posicionamentos como sócio-trabalhador e como trabalhador autônomo e todos os elementos a eles associados (vínculo com a cooperativa, formas de autonomia e responsabilidades, relações com o trabalho assalariado).

Se chega a parecer óbvio que existem diferenças extremas entre cooperativas de mão de obra criadas por empresas e cooperativas inspiradas pela economia solidária criadas por trabalhadores, o que se procurou arrolar foram os modos como os próprios trabalhadores vivenciam essas diferenças em suas relações de trabalho cotidianas e as formas de montagem de cada versão do cooperativismo.

As cooperativas em que existe a vivência da autogestão constituem-se como espaços de sociabilidade nos quais seus sócios-trabalhadores têm a possibilidade de interferir sobre o próprio trabalho e, mais do que isso, de viver o árduo e enriquecedor exercício das decisões coletivas. Mesmo que não seja essa uma vivência homogênea entre as cooperativas autogeridas e mesmo entre os trabalhadores de uma mesma cooperativa, trata-se de um tipo de sociabilidade estranha ao mundo do trabalho tal qual nos acostumamos a concebê-lo.

A frase simples, talvez mesmo um clichê, que serve de epígrafe a este capítulo é eloquente nesse sentido. Para Dona Maria, a experiência como cooperada representou a superação de um tipo de experiência que, para a maioria dos trabalhadores subalternos, é vivida com um mal-estar.

Ao mesmo tempo, não se pretendeu fazer o julgamento e a condenação das cooperativas de mão de obra e concordamos com Paul Singer quando afirma que a melhor saída para a precarização do trabalho é a expansão dos direitos trabalhistas a todos os seguimentos de trabalhadores (Singer, 2004). Essa é uma luta das mais importantes.

Também não cabe ao pesquisador julgar as formas pelas quais os trabalhadores empreendem seus esforços para promover a "reprodução ampliada da vida" (Tiriba, 2001). Vender força de trabalho e, ao mesmo tempo, lutar contra a opressão farão parte da vida das classes trabalhadoras por não se sabe quanto tempo, o que também não impede que a luta por novas e mais justas formas de acesso à riqueza produzida pela humanidade e formas alternativas de produção coexistam e se insiram nos interstícios do sistema econômico vigente (Singer, 1999b).

No entanto, se a intenção for a de refletir sobre as vivências dos trabalhadores cooperados, sobre as possibilidades da ampliação das experiências de autogoverno, autonomia e solidariedade, sobre a superação da tradição de hierarquia e de subordinação das empresas tradicionais, nesse caso, há muito a dizer. O que também implica em assumir a luta política que esse posicionamento envolve.

Nesse sentido, há certamente problemas na separação entre a dimensão econômica e a dimensão política das cooperativas: a atenção exclusiva à dimensão econômica, ao ocultar a dimensão política, permite que se tome como de igual valor práticas muito distintas.

Do ponto onde nos encontramos, descortina-se para o cooperativismo um horizonte largo de possibilidades dos rumos que irá tomar daqui em diante. Não se pode falar de um único cooperativismo e, ao mesmo tempo, todas as formas de cooperativismo encontram-se circunscritas por um mesmo quadro legal e pelos mesmos mecanismos de regulação.

O maior risco do cooperativismo, então, é configurar-se com um híbrido, com uma roupagem progressista, com aparência libertária e autogestionária, mas ser, na verdade, apenas uma versão sofisticada da empresa flexível.

Referências bibliográficas

ALBERT, M. Buscando a autogestão. *In:* M. Albert, N. Chomsky, P. Ortellado, M. Bookchin; A. Guillén (Orgs.). *Autogestão hoje:* teorias e práticas contemporâneas. São Paulo: Faísca Publicações Libertárias, 2004. p. 17-41.

ANDRADA, C. F. *O encontro da política com o trabalho:* história e repercussões da experiência de autogestão das cooperadas da Univens. Dissertação de Mestrado, Instituto de Psicologia. São Paulo: Universidade de São Paulo, 2005.

_____. Onde a autogestão acontece: revelações a partir do cotidiano. *Cadernos de Psicologia Social do Trabalho*, 9(1), p. 1-14, 2006.

ANTEAG. *Autogestão:* construindo uma nova cultura nas relações de trabalho. São Paulo: Anteag, 2003.

ANTUNES, R. *Os sentidos do trabalho:* ensaio sobre a afirmação e a negação do trabalho. São Paulo: Boitempo, 1999.

ARENDT, H. *A condição humana*. Rio de Janeiro: Forense Universitária, 1995.

AZEVEDO, J. T.; BOGRE, M. C.; BOMBARDI; V. M., CHEN; M. C., MAMPO; E. Y., MARTINS; A. N., MORAES; A. L., SILVA; A. P. O.; SILVA, M. F. N. As estratégias de sobrevivência e de busca de emprego adotadas pelos desempregados. *In: Cadernos de Psicologia Social do Trabalho*, 1, p. 15-42, 1998.

BAKHTIN, M. *Marxismo e filosofia da linguagem:* problemas fundamentais do método sociológico na ciência da linguagem. 6. ed. São Paulo: Hucitec, 1992.

BECKER, H. S. *Métodos de pesquisa em ciências sociais*. 4. ed. São Paulo: Hucitec, 1999.

BIALOSKORSKI NETO, S. *Cooperativismo é economia social, um ensaio para o caso brasileiro*. III Seminário Tendências do Cooperativismo Contemporâneo, OCB e SESCOOP, Cuiabá, 2004. [mímeo].

BOURDIEU, P. *A economia das trocas linguísticas:* o que falar quer dizer. São Paulo: Edusp, 1998.

BUSNARDO, A. M. Transformações no trabalho, luta operária e desenraizamento: a reestruturação produtiva no cotidiano e nas representações de trabalhadores metalúrgicos de uma empresa da região do ABC. *In: Cadernos de Psicologia Social do Trabalho*, 6, p. 15-35, 2003.

CARELLI, R. L. *Cooperativas de mão de obra:* manual contra a fraude. São Paulo: LTr, 2002.

CASTORIADIS, C. Autogestão e hierarquia. *In: Socialismo ou barbárie:* o conteúdo do socialismo. São Paulo: Brasiliense, 1983.

CATTANI, A. D. *A outra economia*. Porto Alegre: Veraz, 2003.

CEDEÑO, A. A. L. *Guia múltiplo da autogestão:* um passeio por diferentes fios de análise. Dissertação de Mestrado. Programa de Estudos Pós-Graduados em Psicologia Social. São Paulo: Pontifícia Universidade Católica de São Paulo, 1999.

CERTEAU, M. *A invenção do cotidiano:* artes de fazer. Petrópolis: Vozes, 1994.

CLASTRES, P. Troca e poder: filosofia da chefia indígena. *In: A sociedade contra o Estado:* pesquisas de antropologia política. Rio de Janeiro: Rodrigues Alves, 1978.

CUNHA, G. C. *Economia solidária e políticas públicas:* reflexões a partir do caso do programa Incubadora de Cooperativas, da Prefeitura Municipal de Santo André, SP. Dissertação de Mestrado. São Paulo: Faculdade de Filosofia, Letras e Ciências Humanas, Universidade de São Paulo, 2002.

_____. Dimensões da luta política nas práticas de economia solidária. *In:* A. R. de Souza; G. C. Cunha; R. Y. Dakuzaku (Orgs.). *Uma outra economia é possível:* Paul Singer e a economia solidária. São Paulo: Contexto, 2003. p. 45-72.

DIAS, A. R. *Condições de vida, trajetórias e modos de "estar" e "ser" catador:* estudo de trabalhadores que exercem atividade de coleta e venda de materiais recicláveis na cidade de Curitiba (PR). Dissertação de Mestrado. São Paulo: Instituto de Psicologia, Universidade de São Paulo, 2002.

DOZZI, C. C. *Paradoxos e ambiguidades de uma cooperativa popular de produção:* uma análise psicossocial. Dissertação de Mestrado. Programa de Estudos Pós-Graduados em Psicologia Social. São Paulo: Pontifícia Universidade Católica de São Paulo, 2003.

DOWBOR, L. *O que acontece com o trabalho?* São Paulo: Senac, 2002.

EAGLETON, T. *As ilusões do pós-modernismo.* Rio de Janeiro: Zahar, 1998.

Eagleton, T. De onde vêm os pós-modernistas? *In:* E. M. Wood; J. B. Foster (Orgs.). *Em defesa da história:* marxismo e pós-modernismo. Rio de Janeiro: Zahar, 1999. p. 23-32.

EDWARDS, D.; Potter, J. *Discursive psychology.* Londres: Sage, 1992.

ESTEVES, E. G. Emprego *versus* trabalho associado: despotismo e política na atividade humana de trabalho. *In: Cadernos de Psicologia Social do Trabalho,* 5, p. 51-56, 2002.

_____. *Sócio, trabalhador, pessoa:* negociações de entendimentos na construção cotidiana da autogestão de uma cooperativa industrial. Dissertação de Mestrado. São Paulo: Instituto de Psicologia, Universidade de São Paulo, 2004.

ÉVORA, I. M. A. *Representações sociais da cooperativa: um estudo na ilha de Santiago-Cabo Verde.* Dissertação de Mestrado. São Paulo: Departamento de Psicologia Social, Universidade de São Paulo, 1996.

FAIRBAIRN, B. *The meaning of Rochdale:* the Rochdale Pioneers and the co-operative principles. Centre for the Study of Co-operatives, University of Saskatchewan. (s/d).

FAIRCLOUGH, N. *Discurso e mudança social.* Brasília: UnB, 2001.

FOUCAULT, M. *A ordem do discurso.* 2. ed. São Paulo: Loyola, 1996.

GAIGER, L. I. As emancipações no presente e no futuro. *In:* GAIGER, L. I. (Org.). *Sentidos e experiências da economia solidária no Brasil.* Porto Alegre: Editora da UFRGS, 2004. p. 371-402.

GARCIA, C. V.; FRASCARELI, L., ALMEIDA, M. M.; MOCHEL, J. A. G. *Relatório final de estágio*. 2005. [mímeo]

GARDINER, M. 'The incomparable monster of solipsism': Bakhtin and Merleau-Ponty. *In:* M. M. Bell; M. Gardiner (Eds.). *Bakhtin and the human sciences:* no last words. Londres: Sage, 1998. p. 128-144.

GINZBURG, C. *Relações de força:* história, retórica, prova. São Paulo: Cia. das Letras, 2002.

GRUPO KRISIS. *Manifesto contra o trabalho*. São Paulo: Conrad, 2003.

GUIMARÃES, G. Incubadoras Tecnológicas de Cooperativas Populares: contribuição para um modelo alternativo de geração de trabalho e renda. *In:* P. Singer; A. R. de Souza (Orgs.). *A economia solidária no Brasil:* a autogestão como resposta ao desemprego. São Paulo: Contexto, 2000. p. 111-133.

_____. (Org.). *Ossos do ofício:* cooperativas populares em cena aberta. Rio de Janeiro: ITCP-COPPE-UFRJ, 2002.

HACKING, I. *Por que a linguagem interessa à filosofia?* São Paulo: Unesp, 1999.

_____. *¿Lá Construcción social de qué?* Buenos Aires: Paidós, 2001.

HADDAD, F. Sindicalismo, cooperativismo e socialismo. *In:* F. Haddad; G. Mauro; G. Carneiro; R. Antunes (Orgs.). *Sindicatos, cooperativas e socialismo*. São Paulo: Perseu Abramo, 2003. p. 7-45.

HOLZMANN, L. *Operários sem patrão:* gestão cooperativa e dilemas da democracia. São Carlos: EdUFSCar, 2001.

HOOK, D. Discourse, knowledge, materiality, history: Foucault and discourse analysis. *In: Theory & Psychology,* 11 (4): p. 521-547, 2001.

IDE, R. M. *Cooperativismo ou cooperativismos:* as intersecções entre noções doutrinárias e organizativas de uma palavra benquista. Dissertação de Mestrado. Programa de Estudos Pós-Graduados em Psicologia Social. São Paulo: Pontifícia Universidade Católica de São Paulo, 2004.

JARDIM, F. A. A.; OTERO, M. R.; SILVA, M. C.; DOWBOR, M. A organização no local de trabalho: caminhos e desafios do cooperativismo. *In:* L. Dowbor, O. Furtado; L. Trevisan; H. Silva (Orgs.). *Desafios do trabalho*. Petrópolis: Vozes, 2004. p. 187-207.

KASMIR, S. *The myth of Mondragón:* cooperatives, politics and working-class life in a Basque town. Nova Iorque: State University of New York Press, 1996.

_____. The Mondragón model as post-fordist discourse: considerations on the production of post-fordism. *In: Critique of Anthropology,* 19 (4): p. 379-400, 1999.

KEMP, V. H. *Práticas associativas da economia solidária e laço social*. Tese de Doutorado, Programa de Estudos Pós-Graduados em Psicologia Social. São Paulo: Pontifícia Universidade Católica de São Paulo, 2001.

KRAYCHETE, G.; LARA, G.; COSTA, B. (Orgs.). *Economia dos setores populares:* entre a realidade e a utopia. Petrópolis: Vozes, 2000.

LAFARGUE, P. *O direito à preguiça*. São Paulo: Hucitec, 1999.

LAW, J. After ANT: complexity, naming and topology. *In:* J. Law; J. Hassard (Orgs.). *Actor network theory and after.* Oxford: Blackwell, 1999. p. 1-14.

LAW, J.; HASSARD, J. *Actor network theory and after.* Oxford: Blackwell, 1999.

LAW, J.; MOL, A. Notes on materiality and sociality. *In: The Sociological Review*, 43 (2): 274-294, 1995.

LIMA, J. C. O trabaho autogestionário em cooperativas de produção: o paradigma revisitado. *In: Revista Brasileira de Ciências Sociais*, 19 (56), p. 45-62, 2004.

MACLEOD, G. *From Mondragón to America:* experiments in community economic development. Sydney: University College of Cape Breton Press, 1997.

MALVEZZI, S. A psicometria está superada. *In: Jornal do CRP*, 92: p. 3-5, 1995.

MARAZZI, C. Linguagem e pós-fordismo. *Lugar Comum:* estudos de mídia, cultura e democracia, 1. 1999. Disponível em: <http://www.cfch.ufrj.br/lugarcomum/no1.html>.

MARCUSE, H. Sobre os fundamentos filosóficos do conceito de trabalho da ciência econômica. *In: Cultura e sociedade.* vol 2. São Paulo: Paz e Terra, 1998.

MARX, R. *Trabalho em grupos e autonomia com instrumentos de competição:* experiência internacional, casos brasileiros e metodologia de implantação. São Paulo: Atlas, 1997.

MATTOSO, J. *A desordem do trabalho.* São Paulo: Scritta, 1995.

MCNALLY, D. Língua, história e luta de classe. *In:* E.M. Wood; J.B. Foster (Orgs.). *Em defesa da história:* marxismo e pós-modernismo. Rio de Janeiro: Zahar, 1999. p. 33-49.

MERLEAU-PONTY, M. *Fenomenologia da percepção.* 2. ed. São Paulo: Martins Fontes, 1999.

_____. *A prosa do mundo.* São Paulo: Cosac & Naify, 2002.

MIURA, P. O. C. *Tornar-se catador:* uma análise psicossocial. Dissertação de Mestrado. Programa de Estudos Pós-Graduados em Psicologia Social. São Paulo: Pontifícia Universidade Católica de São Paulo, 2004.

MOLL, A. Ontological politics. A word and some questions. In: J. Law J.; Hassard (Orgs.). *Actor network theory and after.* Oxford: Blackwell, 1999. p. 74-89.

NAKANO, M. Anteag: autogestão como marca. *In:* P. Singer; A.R. Souza (Orgs.). *A economia solidária no Brasil:* a autogestão como resposta ao desemprego. São Paulo: Contexto, 2000. p. 11-28.

NARDI, H. C. *Saúde, trabalho e discurso médico:* a relação médico-paciente e o conflito capital-trabalho. São Leopoldo: Unisinos, 1999.

NASCIMENTO, C. Autogestão e economia solidária. *In: Democracia e autogestão.* São Paulo: Humanitas, 1999. p. 97-145.

NEVES, T. F. S.; ORTEGA, C. A.; BARRETO, R. A.; KIM, C.; MULLER, E.; COSTA, F. B.; MASSOLA, G. M.; DADICO, L.; BARROS, L. H.; LOPES, P. S.; AMÊNDOLA, M. F.; PIRES, T. A. A. P. Desemprego e ideologia: as explicações das causas do desemprego utilizadas por trabalhadores metalúrgicos. *In: Cadernos de Psicologia Social do Trabalho*, 1, p. 1-13, 1998.

ODA, N. T. Sindicato e cooperativismo: os metalúrgicos do ABC e a UniSol Cooperativas. *In:* P. Singer; A. R. de Souza (Orgs.). *A economia solidária no Brasil:* a autogestão como resposta ao desemprego. São Paulo: Contexto, 2000. p. 93-107.

_____. *Gestão e trabalho em cooperativas de produção:* dilemas e alternativas à participação. Dissertação de Mestrado. São Paulo: Escola Politécnica, Universidade de São Paulo.

OLIVEIRA, F. *A construção social dos discursos sobre o acidente de trabalho.* Dissertação de Mestrado. São Paulo: Instituto de Psicologia, Universidade de São Paulo, 1997. p. 125.

OLIVEIRA, P. S. *Cultura solidária em cooperativas:* projetos coletivos de mudança de vida. Tese de Livre-Docência. São Paulo: Instituto de Psicologia, Universidade de São Paulo, 2004.

ORGANIZAÇÃO DAS COOPERATIVAS BRASILEIRAS. *Critérios para a identificação da cooperativa de Trabalho.* 2005. [mimeo].

ORTELLADO, P. A autogestão do capital. *In: Democracia e autogestão.* São Paulo: Humanitas, 1999. p. 147-155.

ORWELL, G. *A revolução dos bichos.* São Paulo: Globo, 2000.

PARRA, H. Z. M. *Liberdade e necessidade:* empresas de trabalhadores autogeridas e a construção sócio-política da economia. Dissertação de mestrado. São Paulo: Faculdade de Filosofia, Letras e Ciências Humanas, Universidade de São Paulo, 2002. p. 264.

PINHO, D. B. *O cooperativismo no Brasil:* da vertente pioneira à vertente solidária. São Paulo: Saraiva, 2004.

POCHMANN, M. *O trabalho sob fogo cruzado:* exclusão, desemprego e precarização no final do século. São Paulo: Contexto, 1999.

_____. (Org.). *Desenvolvimento, trabalho e solidariedade:* novos caminhos para a inclusão social. São Paulo: Cortez/Perseu Abramo, 2002.

_____. Entrevista. *Cadernos de Psicologia Social do Trabalho.* 7, p. 81-91, 2004.

POTTER, J.; WETHERELL, M. *Discourse and social psychology:* beyond attitudes and behaviour. 1987.

PRIMAVERA, H. *Moneda social:* ¿Gattopardismo o ruptura de paradigma?. Texto de lançamento do Fórum Eletrônico sobre Moeda Social. 2001a. Disponível em: <http://money.socioeco.org>.

Primavera, H. *Redes de trueque en América Latina: ¿Quo vadis?.* Artigo de base para o fórum de debates sobre redes de troca da Urbared. 2001b. Disponível em: <http://www.urbared.ungs.edu.ar/>.

RODRIGUES, A. M. Indivíduo, grupo e sociedade: estudos de psicologia social. Entrevista: Arakcy Martins Rodrigues. *In: Cadernos de Psicologia Social do Trabalho.* São Paulo: Edusp, 2005.

SADER, E. *Quando novos personagens entraram em cena:* experiências e lutas dos trabalhadores da Grande São Paulo, 1970-1980. Rio de Janeiro: Paz e Terra, 1998.

SALVITTI, A.; VIÉGAS, L. S.; MORTADA, S. P.; TAVARES, D. S. *O trabalho do camelô:* trajetória profissional e cotidiano. Cadernos de Psicologia Social, 2: p. 1-23, 1999.

SANTOS, B. S.; RODRÍGUEZ, C. (2002). Introdução: para ampliar a cânone da produção. *In:* B. S. Santos (Org.) *Produzir para viver:* os caminhos da produção não capitalista. Rio de Janeiro: Civilização Brasileira, 2002. p. 23-77.

SATO, L. As implicações do conhecimento prático para a vigilância em saúde do trabalhador. *In: Cadernos de Saúde Pública*, 12 (4): p. 489-495, 1996.

_____. *Astúcia e ambiguidade:* as condições simbólicas para o replanejamento negociado do trabalho no chão de fábrica. Tese de Doutorado. São Paulo: Instituto de Psicologia, Universidade de São Paulo, 1998.

_____. *Djunta-mon*: o processo de construção de organizações cooperativas. *In: Psicologia USP*, 10 (2): p. 219-225, 1999.

_____. LER: objeto e pretexto para a construção do campo trabalho e saúde. *In: Cadernos de Saúde Pública*, 17 (1): 147-152, 2001.

_____. Prevenção de agravos à saúde do trabalhador: replanejando o trabalho através das negociações cotidianas. *In: Cadernos de Saúde Pública*, 18 (5): p. 1.147-1.166, 2002.

SATO, L.; ESTEVES, E. G. *Autogestão:* possibilidades e ambiguidades de um processo organizativo peculiar. São Paulo: ADS-CUT, 2002.

SCHNEIDER, J. O. Desafios e perspectivas das cooperativas de trabalho. *In:* N. M. Dal Ri (Org.). *Economia solidária:* o desafio da democratização das relações de trabalho. São Paulo: Arte & Ciência, 1999. p. 133-149

SCOPINHO, R. A. *Vigiando a vigilância:* saúde e segurança no trabalho em tempos de qualidade total. São Paulo: Annablume e Fapesp, 2003.

SECRETARIA NACIONAL DE ECONOMIA SOLIDÁRIA. *Total de empreendimentos por UF*. 2005a. [mímeo]

SECRETARIA NACIONAL DE ECONOMIA SOLIDÁRIA. *Total de empreendimentos por forma de organização*. 2005b. [mímeo]

SECRETARIA NACIONAL DE ECONOMIA SOLIDÁRIA. *Guia de orientações e procedimentos do SIES — Fase II*. 2005c. [mímeo]

SECRETARIA NACIONAL DE ECONOMIA SOLIDÁRIA. *Apresentação:* Programa Economia Solidária em Desenvolvimento. Brasília: Senaes/MTE, 2005d.

SENNETT, R. *A corrosão do caráter:* consequências pessoais do trabalho no novo capitalismo. São Paulo: Record, 1999.

SIMON, H. W.; BILLIG, M. (Orgs.). *After postmodernism:* reconstructing ideology critique. Londres: Sage, 1994.

SINGER, P. *Globalização e desemprego:* diagnóstico e alternativas. São Paulo: Contexto, 1998.

_____. Clubes de trueques y economía solidaria. *In: Revista Trueque*, 2 (3), Buenos Aires, 1999a.

_____. *Uma utopia militante:* repensando o socialismo. Petrópolis: Vozes, 1999b.

_____. Economia solidária: um modo de produção e distribuição. *In:* P. Singer; A. R. de Souza (Orgs.). *A economia solidária no Brasil:* a autogestão como resposta ao desemprego. São Paulo: Contexto, 2000. p. 11-28.

_____. *Introdução à economia solidária.* São Paulo: Perseu Abramo, 2002.

_____. *Cooperativas de trabalho.* 2004. [mímeo]

SINGER, P.; SOUZA, A.R. (Orgs.). *A economia solidária no Brasil:* a autogestão como resposta ao desemprego. São Paulo: Contexto, 2000.

SPINK, M. J. P.; MEDRADO, B. Produção de sentidos no cotidiano: uma abordagem teórico-metodológica para análise das práticas discursivas. *In:* M. J. P. Spink (Org.). *Práticas discursivas e produção de sentidos no cotidiano:* aproximações teóricas e metodológicas. São Paulo: Cortez, 1999. p. 41-61.

SPINK, M. J. P. (Org.). *Práticas discursivas e produção de sentidos no cotidiano:* aproximações teóricas e metodológicas. São Paulo: Cortez, 1999.

_____. Subvertendo algumas dicotomias instituídas pelo hábito. *Athenea Digital,* 4: 1-7. 2003. Disponível em: <http://antalya.uab.es/athenea/num4/spink.pdf>.

_____. A organização como fenômeno psicossocial: notas para uma redefinição da psicologia do trabalho. *In: Psicologia & Sociedade,* 8 (1): p. 174-192, 1996.

_____. Análise de documentos de domínio público. *In:* M. J. P. Spink (Org.). *Práticas discursivas e produção de sentidos no cotidiano:* aproximações teóricas e metodológicas. São Paulo: Cortez, 1999. p. 123-151.

_____. Pesquisa de campo em psicologia social: uma perspectiva pós-construcionista. *In: Psicologia & Sociedade,* 15 (2): 18-42, 2003a.

_____. *Redes solidárias, autogestão e solidariedade.* 2003b. [mímeo]

SOUZA, A. R. de; CUNHA, G. C.; DAKUZAKU, R. Y. (Orgs.). *Uma outra economia é possível:* Paul Singer e a economia solidária. São Paulo: Contexto, 2003.

STRYJAN, Y. *Impossible organizations:* self-managements and organizacional reproduction. Connecticut: Greenwood, 1989.

TESCH, W. *O espaço das cooperativas de trabalho.* São Paulo: Fetrabalho/SP, 1997.

TIRIBA, L. *Economia popular e cultura do trabalho:* pedagogia(s) da produção associada. Ijuí, Rio Grande do Sul: Editora Unijuí, 2001.

TODESCHINI, R.; MAGALHÃES, R. S. Sindicalismo e economia solidária: reflexões sobre o projeto da CUT. *In:* P. Singer; A. R. de Souza (Orgs.). *A economia solidária no Brasil:* a autogestão como resposta ao desemprego. São Paulo: Contexto, 2000. p. 11-28.

VAINER, C. O presente de um futuro possível. *In:* G. Guimarães (Org.). *Sindicalismo e cooperativismo, a economia solidária em debate:* transformações no mundo do trabalho. Rio de Janeiro: ITCP COPPE/UFRJ e Unitrabalho, 1999.

VEIGA, S. M.; RECH, D. *Associações:* como constituir sociedades civis sem fins lucrativos (Série Economia Solidária). Rio de Janeiro: DP & A, 2001.

VERONESE, M. V. *A psicologia na transição paradigmática:* um estudo sobre o trabalho na economia solidária. Tese de Doutorado. Rio Grande do Sul: Faculdade de Psicologia, Pontifícia Universidade Católica do Rio Grande do Sul, 2004.

VIEITEZ, C. G. (Org.). *A empresa sem patrão*. Marília: Unesp, 1997.

VIGOTSKI, L. S. *Pensamento e linguagem*. São Paulo: Martins Fontes, 1996.

WHITE, W. F.; WHITE, K. K. *Making Mondragón:* the growth and dynamics of the worker cooperative complex. Ithaca: ILR Press, 1988.

YIN, R. K. *Estudo de caso:* planejamento e métodos. Porto Alegre: Bookman, 2001.

ZALUAR, A. *A máquina e a revolta:* as organizações populares e o significado da pobreza. São Paulo: Brasiliense, 2000.